「一带一路」列国人物传系　总主编◎王丽

海上丝绸之路

8 港口志

李一鸣◎主编

中国出版集团有限公司
華文出版社

图书在版编目（CIP）数据

海上丝绸之路 ：8港口志 / 李一鸣主编. -- 北京 ：华文出版社，2024.10
（“一带一路”列国人物传系）
ISBN 978-7-5075-5859-3

Ⅰ. ①海… Ⅱ. ①李… Ⅲ. ①海上运输－丝绸之路－历史②港口－概况－中国－古代 Ⅳ. ①K203②U659.2

中国国家版本馆CIP数据核字（2023）第177034号

海上丝绸之路 ：8港口志

主　　编：李一鸣
责任编辑：修文龙
出版发行：华文出版社
社　　址：北京市西城区广外大街 305 号 8 区 2 号楼
邮政编码：100055
电　　话：总 编 室 010-58336239
发 行 部 010-58336267/58336253
责任编辑 010-63426125
经　　销：新华书店
印　　刷：北京盛通印刷股份有限公司
开　　本：880×1230　1/32
印　　张：9.5
字　　数：160 千字
版　　次：2024 年 10 月第 1 版
印　　次：2024 年 10 月第 1 次印刷
标准书号：ISBN 978-7-5075-5859-3
定　　价：42.00 元

“‘一带一路’列国人物传系”编辑委员会

总　序

群星闪耀“一带一路”

“2100多年前，中国汉代的张骞肩负和平友好使命，两次出使中亚，开启了中国同中亚各国友好交往的大门，开辟出一条横贯东西、连接欧亚的丝绸之路。”[①] 2013年9月7日，中国国家主席习近平在哈萨克斯坦纳扎尔巴耶夫大学发表演讲，以博古通今的睿智对大学生们娓娓道来丝绸之路古老而年轻的故事。

“我的家乡陕西，就位于古丝绸之路的起点。站在这里，回首历史，我仿佛听到了山间回荡的声声驼铃，看到了大漠飘飞的袅袅孤烟。这一切，让我感到十分亲切。哈萨克斯坦这片土地，是古丝绸之路经过的地方，曾经为沟通东西方文明，促进不同民族、不同文化相互交流和合作作出过重要贡献。东西方使节、商队、游客、学者、工匠川流不息，沿途各国互通有无、互学互

① 《习近平谈治国理政》，外文出版社，2014年10月第1版，第287页。

鉴，共同推动了人类文明进步。”“不同种族、不同信仰、不同文化背景的国家完全可以共享和平、共同发展。这是古丝绸之路留给我们的宝贵启示。”“为了使我们欧亚各国经济联系更加紧密、相互合作更加深入、发展空间更加广阔，我们可以用创新的合作模式，共同建设‘丝绸之路经济带’。”① 推己及人，高瞻远瞩，引领时代，习主席在阿斯塔纳② 通过哈萨克斯坦人民，首次向世界发出了让古老的丝路精神再次焕发青春和光彩的时代宣言。

2013 年 10 月 3 日，习主席在印度尼西亚国会发表了题为《共同建设二十一世纪“海上丝绸之路”》的演讲:“东南亚地区自古以来就是‘海上丝绸之路’的重要枢纽，中国愿同东盟国家加强海上合作，使用好中国政府设立的中国—东盟海上合作基金，发展好海洋合作伙伴关系，共同建设 21 世纪‘海上丝绸之路’”,“发挥各自优势，实现多元共生、包容共进，共同造福于本地区人民和世界各国人民”。③ 这个倡议和 9 月 7 日的演讲异曲同工、遥相呼应、互为映衬，完整地提出了“丝绸之路经济带”和“21 世纪海上丝绸之路”的宏伟构想。

从广袤的亚欧腹地哈萨克斯坦到风光旖旎的印度尼西亚，习主席提出的“丝绸之路经济带”和“21 世纪

①《习近平谈治国理政》，外文出版社，2014 年 10 月第 1 版，第 287 页。
② 哈萨克斯坦新首都名称。
③ 同①，第 293–295 页。

海上丝绸之路”吸引了世界各国的目光。从 2013 年 9 月至 2016 年 8 月，习近平出访 37 个国家（亚洲 18 国、欧洲 9 国、非洲 3 国、拉美 4 国、大洋洲 3 国），对“一带一路”倡议的总体框架和基本内涵做了充分阐述。和平合作、开放包容、互鉴互学、互利共赢的丝路精神，共商、共建、共享的合作理念，驱散了“去全球化”的阴霾，为增长低迷的世界经济注入新的动能。各国纷纷将本国经济发展与中国政府制定的《推动共建丝绸之路经济带和 21 世纪海上丝绸之路的愿景与行动》规划相衔接。“一带一路”倡导的政策沟通、设施联通、贸易畅通、资金融通、民心相通等“五通”，正在以基础设施、经贸合作、产业投资、能源资源、金融支撑、人文交流、生态环保、海洋合作等为载体和依托，在全球掀起了投资兴业、互联互通、技术创新、产能合作的新势头。2016 年中国牵头成立有 57 个成员国加入的亚洲基础设施投资银行（AIIB），2017 年 3 月 23 日迎来 13 个新伙伴。孟加拉配电系统升级扩容项目、印尼全国棚户区改造项目、巴基斯坦国家高速公路项目和塔吉克斯坦杜尚别至乌兹别克斯坦道路改造项目已经获得亚投行金融支持，共商共建成为现实。

“一带一路”倡议得到国际社会的热烈响应。2016 年 11 月 17 日，第 71 届联合国大会 193 个成员一致赞同，通过了第 A/71/9 号决议，欢迎“一带一路”倡议，敦促各国通过参与“一带一路”，呼吁国际社会为开展“一带一路”建设提供安全保障环境。2017 年 3 月 17 日，联合国安理会全票赞成，一致通过第 2344 号决议，呼吁国际社会凝聚援助阿富汗共识，通过“一带一路”建设等加强区域经济合作，敦促各方为“一带一路”建设提供安全保障环境。

2017 年 1 月，习近平主席在联合国日内瓦总部发表题为《共同构建人类命运共同体》的重要演讲，全面深入系统阐述人类命运共同体重大理念，在国际上引起热烈反响，受到各方普遍欢迎和高度评价。3 月 23 日，联合国人权理事会第 34 次会议通过关于“经济、社会、文化权利”和“粮食权”两个决议，决议明确表示要通过“一带一路”建设“构建人类命运共同体”。这是人类命运共同体重大理念首次载入人权理事会决议，标志着这一理念成为国际人权话语体系的重要组成部分。2017 年 5 月，北京喜迎来自“一带一路”相关国家的元首、政府首脑、前政要，以及国际组织负责人，还有专家学者和知名企业家等各界代表上千人，出席“‘一带一路’国际合作高峰论坛”，共商沿线各国之合作共赢大计。

“一带一路”不是中国的独角戏，是与亚、欧、非洲及世界各国共同奏响的交响乐。中国恪守联合国宪章的宗旨和原则，坚持开放合作、和谐包容、政策沟通，培育政治互信，建立合作共识，协调发展战略、促进贸易便利化及多边合作体制机制。中国携手100多个国家和地区，依托国际大通道，以陆上沿线中心城市为支撑，以重点经贸产业园区为合作平台，共同打造新亚欧大陆桥、中蒙俄、中国—中亚—西亚、中巴、孟中印缅、中国－中南半岛等国际经济合作走廊进展顺利，中欧班列在贸易畅通上动力强劲，风景亮丽；以海上重点港口为节点，共同建设通畅安全高效的运输通道，实现陆海路径的紧密关联和合作，太平洋、印度洋、大西洋上巨轮往来频繁，不亦乐乎。亚太经合组织、亚欧会议、大湄公河次区域合作等有关决议或文件，都体现了“一带一路”建设内容。丝路基金、开发性金融、供应链金融汇聚全球财富，建设绿色、健康、智慧与和平的丝绸之路，增进各国民众福祉。

“一带一路”是人类历史上从未有过的恢弘蓝图，也是横跨亚非欧连接世界各国的暖心红线。“丝绸之路经济带”包括中国经中亚、俄罗斯至欧洲（波罗的海），中国经中亚、西亚至波斯湾、地中海，中国至东南亚、南亚、印度洋；“21世纪海上丝绸之路”包括从中国沿海港口过南海到印度洋再延伸至欧洲和到南太平洋。一路驼铃声声、舟楫相望，互通有无、友好交往。

在新的时代，在创新古老丝路精神的伟大进程中，习主席专门缅怀丝路开拓者，特意致敬古丝路精神奠基人:“我们的祖先在大漠戈壁上‘驰命走驿，不绝于时月’，在汪洋大海中‘云帆高张，昼夜星驰’，走在了古代世界各民族友好交往的前列。甘英、郑和、伊本·白图泰是我们熟悉的中阿交流友好使者。丝绸之路把中国的造纸术、火药、印刷术、指南针经阿拉伯地区传播到欧洲，又把阿拉伯的天文、历法、医药介绍到中国，在文明交流互鉴史上写下了重要篇章。千百年来，丝绸之路承载的和平合作、开放包容、互学互鉴、互利共赢精神薪火相传。”[①] 这种吃水不忘挖井人的情怀，再次展现了中华民族不忘历史、纪念先贤、展望未来的优秀文化基因，也为中国传记文学学会参加“一带一路”建设指明了方向和道路。

在古老的丝绸之路上，我们不曾相忘：张骞出使西域到过的哈萨克斯坦，山高水长的好邻居巴基斯坦，双头鹰下横跨欧亚之国俄罗斯，草原之国蒙古，喜马拉雅浮世天堂尼泊尔，菩提恒河保佑之国印度，文化瑰宝伊朗，首创法典之国伊拉克，红海门户之国也门，石油王国沙特阿拉伯，波斯湾明珠巴林，雪松之国黎巴嫩，海湾之秀科威特，沙漠之巅阿联酋，半岛明珠之国卡塔尔，波斯湾霍尔木兹海峡守门人阿曼，万湖之国白俄罗斯，欧亚十字路口土耳其，流着奶和蜜之地以色列，欧

① 习近平:《弘扬丝路精神，深化中阿合作》，2014年6月5日，习近平在中—阿合作论坛第六届部长级会议开幕式上的讲话,《人民日报》6月6日第1版。

洲粮仓乌克兰，亚平宁半岛上的文化巅峰意大利，阿尔卑斯之巅的瑞士，玫瑰之国保加利亚，与灵魂对话的思辨之国德意志，欧洲文化殿堂法兰西，欧洲客厅比利时，郁金香之国荷兰，热情如火的西班牙，还有绅士国度英国，北非金字塔之国埃及，非洲屋脊奉马蹄莲为国花的埃塞俄比亚，香草大岛之国马达加斯加，等等。

沿着海上丝绸之路，我们会领略丛林花园之国马来西亚，花园国度新加坡，千岛之国菲律宾，赤道翡翠之国印度尼西亚；沿澜沧江一路南下，我们不曾相忘澜湄泽润之国越南，千佛之国泰国，高棉的微笑之国柬埔寨，万象之都老挝，印度洋上明珠之国斯里兰卡，印度洋上的明星和钥匙毛里求斯，堆金积玉之国文莱，追求自由之国东帝汶，印度洋世外桃源马尔代夫，骑在羊背上的国家澳大利亚，上帝的后花园新西兰，等等。

“一带一路”沿线国家里，那些千百年来影响了人类与国家、民族命运并与中国曾经有过交往的古今人物，至今还能在教科书、影视剧里看到他们，还能感受到他们在一代一代年轻人身上所生发的影响和魅力。

当然，对于中国人来说，更为熟悉的是丝绸之路的开拓者。曾记否？丝绸之路开拓者中，有汉武帝和他的使节们，有首开大唐盛世的唐太宗及其无数臣民，有再续睦邻通商航海路的宋祖朝廷和无数先贤，还有金戈铁马风漫卷的元代人物，一统江山万里帆的明代人物，环球凉热自清浊的清代人物，东西碰撞溅火花的近代人物，还有经受风雨变迁、勇立海国之志的现代人物，更有丝路明珠敦煌莫高窟的守护者，卫国助邻的将军和通司中外的外交家们。当然，数风流人物，还看今朝，我们不能不浓墨重彩地讴歌那些智通商海，投身到新丝路建设中的当代人物。

耕云播雨，香火延续，智慧传承，历史再续！2100多年的友好交往历史从未隔断，惠及三大洲的中西交通从未停歇，21 世纪的“中国梦”和“世界梦”汇成了人类命运共同体的时代和弦，响彻在“一带一路”辽阔的长空。也正因如此，在 2023 年的金秋时节，习近平主席同来自五洲四海的新老朋友相聚北京，共同出席第三届“一带一路”国际合作高峰论坛。世界的目光再次聚焦北京、聚焦中国。10 年来，在各方的共同努力下，共建“一带一路”从中国倡议走向国际实践，从理念转化为行动，从愿景转变为现实，从谋篇布局的“大写意”到精耕细作的“工笔画”，取得实打实、沉甸甸的成就，成为深受欢迎的国际公共产品和国际合作平台。“一带一路”合作从亚欧大陆延伸到非洲和拉美，150 多个国家、30 多个国际组织签署共建“一带一路”合作文件，举办 3 届“一带一路”国际合作高峰论坛，成立了 20

多个专业领域多边合作平台。[1] 这是中华民族和世界历史上都应该铭记的大日子。

“一带一路”沿线国家拥有各自悠久的历史和丰富的文化传统，从古到今，涌现出了许多令人钦佩的人物，他们的成就在促进不同文化之间的民心相通方面发挥了重要作用，他们的贡献有助于加深各国人民之间的理解和合作。以人物传记写作为己任的中国传记文学学会，在“一带一路”倡议实施中，肩负“讲好‘一带一路’民心相通好故事”的使命和责任，这也是国家赋予我们的根本职责和任务。在中国文学艺术界联合会的领导下，在中国社会科学院国家全球战略智库指导下，中国传记文学学会以赤诚的家国情怀、强烈的时代精神、为人物传记的责任担当，在认真调研、周密谋划、精心组织基础上，毅然决定倾注全力组织编写、筹资出版“‘一带一路’列国人物传系”。此煌煌百卷传系讲述近千名各国卓越人物故事，集数百位专家作家尽心挥毫，冬去春来，夜以继日……幸得各界人士倾力赞助，又得中国出版集团有限公司华文出版社、当代世界出版社、五洲传播出版社出版发行。于是，各位读者得以读到手中的这套活泼而不失厚重、有趣而不失学养的列国人物合传书卷。

① 习近平在第三届“一带一路”国际合作高峰论坛开幕式上的主旨演讲（全文），2023 年 10 月 18 日，https://baijiahao.baidu.com/s?id=178006481 5242319182&wfr=spider&for=pc。

孔子曰:“仁者，人也。”让各国的先贤智者的思想光辉，照亮我们探索人类未来的道路。

传记明志，落笔为文，是为总序。

中国传记文学学会会长

“‘一带一路’列国人物传系”编委会主任

王丽　博士

2023 年 10 月 18 日

Introduction: The Star–studded "Belt and Road"

On September 7, 2013, Chinese President Xi Jinping delivered a speech at Kazakhstan's Nazarbayev University, telling college students the ancient yet up to date stories of the Silk Road with well–versed wisdom.

"More than 2,100 years ago during the Han Dynasty (206 BC–AD 220), a Chinese envoy named Zhang Qian was sent to Central Asia twice on missions of peace and friendship. His journeys opened the door to friendly contacts between China and Central Asian countries, and started the Silk Road linking east and west, Asia and Europe.

Shaanxi, my home province, is right at the starting point of the ancient Silk Road.Today, as I stand here and look back at that history, I seem to hear the camel bells echoing in the mountains and see the wisp of smoke rising from the desert, and this gives me a specially good feeling.

Kazakhstan, located on the ancient Silk Road, has made an important contribution to the exchanges between the Eastern and Western civilizations and the interactions and cooperation between various nations and cultures.This land has borne witness to a steady stream of envoys, caravans, travelers, scholars and artisans traveling between the East and the West.The exchanges and mutual learning thus made possible the progress of human civilization." ①

"Countries of different races, beliefs and cultural backgrounds are fully able to share peace and development. This is the valuable inspiration we have drawn from the ancient Silk Road," ② and "to forge closer economic ties, deepen cooperation and expand development space in the Eurasian region, we should take an innovative approach and jointly build an economic belt along the Silk Road." ③

With caring, vision and leadership, President Xi Jinping, in Astana, ④ Kazakhstan, made a historic

① Xi Jinping: The Governance of China.3rd ed., Foreign Languages Press, Beijing, 2018, p.315.

② Xi Jinping: The Governance of China.3rd ed., Foreign Languages Press, Beijing, 2018, p.316.

③ Xi Jinping: The Governance of China.3rd ed., Foreign Languages Press, Beijing, 2018, p.317.

④ The name of the new capital of Kazakhstan.

declaration that would rejuvenate the spirit of the ancient Silk Road for the first time to the world.

On October 3, 2013, President Xi Jinping gave a speech titled "Work Together to Build a 21st-century Maritime Silk Road" at the People's Representative Council of Indonesia.

"Southeast Asia has since ancient times been an important hub along the ancient Maritime Silk Road.China will strengthen maritime cooperation with the ASEAN countries, and the China-ASEAN Maritime Cooperation Fund set up by the Chinese government should be used to develop maritime partnership in a joint effort to build the 'Maritime Silk Road' of the 21st century." ① And "the two sides need to give full rein to our respective strength to enhance diversity, harmony, inclusiveness and common progress in our region for the benefit of both our people and the people outside the region." ②

This initiative, along with the speech on September 7, conveyed a consistent message and harmonized seamlessly, bringing to fruition the ambitious vision of the "Silk Road

① Xi Jinping: The Governance of China.3rd ed., Foreign Languages Press, Beijing, 2018, p.321.

② Xi Jinping: The Governance of China.3rd ed., Foreign Languages Press, Beijing, 2018, p.323.

Economic Belt" and the "21st Century Maritime Silk Road".

Stretching from the expansive Eurasian hinterland of Kazakhstan to the breathtaking landscapes of Indonesia, Xi Jinping's proposed "Silk Road Economic Belt" and "21st Century Maritime Silk Road" have captured the world's attention.From September 2013 to August 2016, Xi visited 37 countries (18 in Asia, 9 in Europe, 3 in Africa, 4 in Latin America and 3 in Oceania), and fully elaborated on the overall framework and basic connotation of the "Belt and Road" initiative.The Silk Road spirit of peace and cooperation, openness and inclusiveness, mutual learning, and mutual benefit, combined with the idea that projects should be jointly built through consultation to meet the interests of all, dispels the haze of "de-globalization" and injects new kinetic energy into the sluggish growth of the world economy.Many countries have linked up their own economic development to the "Vision and proposed actions outlined on jointly building Silk Road Economic Belt and 21st-Century Maritime Silk Road" proposed by the Chinese government.

The "Belt and Road" initiative advocates policy coordination, facilities connectivity, unimpeded trade, financial integration, and people-to-people bond.With the emphasis on infrastructure build-up, economic and trade cooperation, industrial investment, energy resources development, financial support, people-to-people exchanges, ecological environmental protection, and marine cooperation, the initiative has set off a new momentum in investment, trade activity, technological innovation, and production capacity cooperation in the world.In 2016, China led the establishment of the Asian Infrastructure Investment Bank (AIIB), which was joined by 57 member states. On March 23, 2017, it welcomed 13 new partners.The Bangladesh Power Distribution System Upgrade Expansion Project, the Indonesia National Shanty Town Transformation Project, the Pakistan National Highway Project and the Tajikistan Dushanbe-Uzbekistan Border Road Improvement Project have received financial support from the AIIB.The idea of joint project implementation through consultation to meet the interests of all has since turned into reality.

The "Belt and Road" initiative has garnered enthusiastic support from the international community.On November 17, 2016, during the 71st session of the United Nations General Assembly, all 193 member states unanimously passed Resolution A/71/9, warmly embracing the "Belt and Road" proposal.This resolution encouraged nations worldwide to actively engage in the development of the "Belt and Road" and called upon the international community to ensure a secure environment for its successful implementation.On March 17, 2017, the United Nations Security Council unanimously adopted Resolution 2344, calling on the international community to rally assistance to Afghanistan, and bolstering regional economic cooperation through initiatives like the "Belt and Road" .The resolution further emphasized the need for all stakeholders to establish a secure and stable environment for the successful execution of the "Belt and Road" initiative.

In January 2017, President Xi Jinping delivered a momentous speech titled "Work Together to Build a Community of Shared Future for Mankind" at the United Nations Office in Geneva.This address provided a comprehensive and systematic exposition of the pivotal concept: creating a global community of shared future, which resonated with audiences worldwide and elicited widespread acclaim and enthusiastic responses from a diverse array of stakeholders.On March 23, during the 34th session of the United Nations Human Rights Council, two resolutions were unanimously adopted, focusing on "economic, social and cultural rights" and the "right to food" .These resolutions explicitly expressed the intent to "build a community with a shared future for mankind" through the development of the "Belt and Road" initiative.This historic inclusion of the concept of "building a community with a shared future for mankind" in the UN Human Rights Council's resolutions underscored its significance within the international human rights discourse.In May 2017, Beijing played host to the First Belt and Road Forum for International Cooperation, attended by delegates from countries involved in the "Belt and Road" initiative, including heads of state and government, former leaders, leaders of international organizations, experts, scholars and distinguished entrepreneurs.They endeavored to enhance cooperation and stimulate development.

The "Belt and Road" is not a solo act by China but rather a symphony performed in concert with countries across Asia, Europe, Africa and the rest of the world.China steadfastly upholds the principles and objectives outlined in the UN Charter, maintaining a commitment to openness and cooperation, harmony and inclusiveness, as well as policy dialogue.It fosters political trust, builds cooperative consensus, coordinates development strategies, promotes trade facilitation and enhances multilateral cooperation mechanisms.China has joined hands with more than 100 countries and regions to co-create a new Eurasian continental bridge.This has been accomplished by taking advantage of international transport routes that are supportive of the central cities along the "Belt and Road", and building key economic and trade industrial parks as a platform for cooperation.China–Mongolia–Russia, China–Central Asia–West Asia, China–Pakistan, Bangladesh–China–India–Myanmar, China–Indochina Peninsula and other international economic cooperation corridors are progressing smoothly. China Railway Express accentuates trade and shipping overland between China and Europe with a bright future. Meanwhile, key sea ports also serve as the nodes to jointly build a smooth, safe and efficient transportation network, and hence enables a close connection between land and sea routes.Together with the overland cargo train transportation, the frequent cargo ships sailing on the Pacific, Indian and Atlantic Oceans poses an amazing picture.In summary, the relevant resolutions or documents of the Asia–Pacific Economic Cooperation, the Asia–Europe Meeting, and the Greater Mekong Subregion Economic Cooperation program all embody the "Belt and Road" initiative.By bringing together the world's wealth, Silk Road Fund, development finance, and supply chain finance strive to build a green, healthy, intelligent and peaceful Silk Road, and enhance the well–

being of people around the globe.

The "Belt and Road" is a grand blueprint that has never been seen in human history.It is also a warm heart line that connects Asia, Africa and Europe to countries around the world. "The Silk Road Economic Belt" includes China via Central Asia, Russia to Europe (Baltic Sea), China via Central Asia, West Asia to the Persian Gulf, the Mediterranean Sea, China to Southeast Asia, South Asia, and the Indian Ocean; the "21st Century Maritime Silk Road" includes from China's coastal ports to the South China Sea as well as the Indian Ocean that extends to Europe and the South Pacific.Friendly exchanges among countries are just a camel-ride and a boat trip away from each other.

In this new era, as we embark on the grand journey of revitalizing the spirit of the ancient Silk Road, President Xi Jinping took a moment to honor the trailblazers of the Silk Road and offered a special tribute to the visionary founders of its enduring spirit:

"In ancient times, our ancestors struggled through deserts and sailed in boundless seas to transport Chinese products to countries overseas, taking a lead in international friendly contact.Along that path, Gan Ying, Zheng He and Ibn Battuta were all known as envoys of this China-Arab friendship.Through the Silk Road, Chinese inventions like paper-making, gunpowder, printing and the magnetic compass were spread to Europe, and Arabic conceptions like astronomy, the calendar and medicine were introduced to China.

For hundreds of years, the spirit that the Silk Road bears, namely, peace and cooperation, openness and inclusiveness, mutual learning, mutual benefits and win-win results, has lived on through generations." ①

There is a Chinese saying that when you drink the water, think of those who dug the well.The implication that the Chinese people never forget history is clearly demonstrated in our excellent cultural tradition of commemorating the sages and at the same time looking forward to the future.It also points out the direction and path for the Biography Society of China to participate in the "Belt and Road" initiative.

On the ancient Silk Road, we have never forgotten Zhang Qian's diplomatic missions to the western regions in Han Dynasty that include the world's biggest landlocked country Kazakhstan, the good neighbor Pakistan with

① Xi Jinping: "Promoting the Silk Road Spirit and Deepening China-Arab Cooperation." Key note speech at the opening ceremony of the 6th Ministerial Meeting of the China-Arab States Cooperation Forum, section one, People's Daily, June 6, 2014.

high mountains and beautiful rivers, the double-headed eagle across Eurasian country Russia, grassland country Mongolia, Himalaya floating paradise Nepal, Bodhi Ganges blessed country India, cultural treasure Iran, the first Codex System member country Iraq, Red Sea gateway Yemen, oil kingdom Saudi Arabia, the Persian Gulf pearl Bahrain, cedar country Lebanon, Gulf Star Kuwait, desert peak UAE, the Peninsula pearl Qatar, and Oman-the gatekeeper of Hormuz Strait at Persian Gulf, thousand-lake country Belarus, Turkey at the Eurasian crossroads, Israel-a land flowing with milk and honey, Ukraine of European granary, Italy-the cultural pinnacle of Apennines, Switzerland at the top of Alpine, rose country Bulgaria, and Germany, a nation famous for great thinkers, France, the center of the European culture, the welcoming and comfortable Belgium, tulip country Netherlands, the warm and sunny Spain, as well as the elegant Britons, pyramid country Egypt in North Africa, Ethiopia on the roof of Africa with the national flower of calla lily, the great Vanilla Island country Madagascar, and so on.

Along the Maritime Silk Road, we will come across Malaysia, the country of jungle gardens, garden country Singapore, the Thousand Islands country Philippines, and Indonesia, an emerald on the equator line.Down the Lancang–Mekong River all the way south, we will experience Vietnam whose land moistened by the Lancang–Mekong River, Thailand, the country of thousand Buddhas, the smiling country of Khmer Cambodia, and Laos, the "Land of a Million Elephants" .On the Indian Ocean, we will also see the ocean pearl Sri Lanka, the ocean star Mauritius, the rich and abundant Brunei, the freedom seeker Timor–Leste, the idyllic Maldives, and Australia, a country on the back of the sheep, New Zealand, the back garden of God, and so on.

In the countries along the "Belt and Road" , those ancient and modern figures who have influenced the destiny of mankind, countries and nations for thousands of years and had dealings with China are still seen in today's textbooks, movies and television dramas.Their influence and charm are still felt by generations of young people.

Certainly, for the Chinese people, we are more familiar with the pioneers of the Silk Road.Have we ever remembered? Among the trail blazers of the Silk Road were Emperor Wu of Han Dynasty and his envoys, Emperor Li Shimin, the co–founder of the Tang Dynasty that epitomized a golden age and his countless subjects, the Song imperial court and numerous sages who continued good–neighbor practice and friendly maritime navigation, as well as the Yuan Dynasty warriors who led armored cavalry with shining spears, the Ming Dynasty figures who unified the country, and the Qing Dynasty characters who maintained a clear mind during global turmoil, as well as the modern individuals who, by learning from both the west and the east in a time of rapid change, had the courage to build a sea power nation.There were also the guardians of Dunhuang Mogao Grottoes known as the Silk Road Pearl, the generals who safeguarded the country and helped the neighbors, and the diplomats who convey information and messages between China and foreign countries.Without a doubt, it is our current era that features true heroes.We can not praise highly enough the contemporary people who have been plunging themselves into the development of the new Silk Road.

Diligence bears fruit, the flame of tradition stays ablaze, wisdom is passed down, and the wheels of history keep turning! The over 2,100–year history of friendly exchanges has never been severed, and the China–Western connectivity benefiting three continents has never come to a halt.The "Chinese Dream" and "World Dream" of the 21st century have converged to form the zeitgeist of a shared human destiny, echoing across the vast expanse of the "Belt and Road" .For this very reason, in the autumn of 2023, President Xi Jinping, along with friends both old and new from across the globe, gathered in Beijing to attend the Third Belt and Road International Cooperation Summit Forum. Representatives from different countries and international organizations joined the event as invested guests, once again drawing the world's attention towards Beijing and China.Over the past decade, through the concerted efforts of all involved, the "Belt and Road" initiative has evolved from a Chinese proposal to international practice, from a mere idea into tangible action, from a vision to reality. It has progressed from "sketching the outline" to "filling in the details" , yielding concrete and substantial outcomes. It has been welcomed by the international community as a public good and a cooperation platform. "Belt and Road" cooperation has extended from the Eurasian continent to Africa and Latin America, with more than 150 countries and over 30 international organizations signing "Belt and Road" cooperation documents.Three sessions of the Belt and Road Forum for International Cooperation have been successfully convened, and more than 20 specialized multilateral cooperation platforms have been established under the "Belt and Road" initiative.[①] This marks an occasion of profound significance, one that merits a place in the annals of both Chinese and world history.

Countries along the "Belt and Road" possess rich histories and cultural traditions of their own.Throughout history, they have produced countless admirable figures whose contributions have played pivotal roles in fostering mutual understanding among diverse cultures, thus facilitating understanding and collaboration among people from various countries.

The Biography Society of China, dedicated to biography writing, has embraced the mission of "telling well the inspiring stories of remarkable lives along the Belt and Road initiative." This mission is not merely a duty; it's a fundamental responsibility placed upon us by our nation. Under the leadership of the China Federation of Literary and Art Circles and guided by the National Institute for Global Strategy of the Chinese Academy of Social Sciences, the Biography Society of China, driven by unwavering patriotism, a deep sense of the times, and a dedication to

---

① Xi Jinping's keynote address at the opening ceremony of the Third Belt and Road International Cooperation Summit Forum, October 18, 2023, https://baijiahao.baidu.com/s?id=1780064815242319182&wfr=spider&for=pc.

the responsibility of documenting lives, embarked on the compilation and publication of "The Legend of the People along the Belt and Road Nations" .This monumental series, spanning a hundred volumes, narrates the stories of nearly a thousand remarkable individuals from diverse nations.It is the result of the diligent efforts of hundreds of expert writers who worked tirelessly day and night, across seasons and years. With deep gratitude, this endeavor received generous support from various quarters and found publication through Sino-Culture Press under the China Publishing Group, as well as Contemporary World Press and China Intercontinental Press. Thanks to their generosity and commitment, readers now have the opportunity to delve into this vibrant yet substantial, captivating yet educational collection of biographies from countries along the "Belt and Road."

Confucius once said, "Humanity is of humans" .May the intellectual brilliance of sages and wise individuals from various nations illuminate our path as we explore the future of humanity.

The biographies are written with lofty ideals in mind.This serves as the introduction.

President of the Biography Society of China

Director of the Editorial Board of "The Legend of the People along the Belt and Road"

Dr. Wang Li

October 18, 2023

目　录

Contents

引　言

两千多年前，一条起于中国东南沿海，穿越南海、印度洋、红海，最后抵达东非和欧洲的“海上丝绸之路”连通了中国和世界。

丝绸之路是历史的馈赠。早在先秦时期，我国与海外就有了海上交往；两汉时期“海上丝绸之路”已经形成，从徐闻、合浦出发，经南海进入马来半岛、暹罗湾、孟加拉湾，到达印度半岛南部黄支国、已程不国（今斯里兰卡）的航线已经开通，与罗马帝国也有了来往；三国时期，东海丝绸之路已经形成；魏晋之后，以广州为起点，我国船只经海南岛东面海域，穿过西沙群岛海面抵达南海诸国，再穿越马六甲海峡，可直驶印度洋、红海、波斯湾，对外贸易达 15 个国家和地区；隋唐时期，“海上丝绸之路”替代“陆上丝绸之路”，成为对外贸易交往的主要通道；到了宋代，广州黄埔、宁波、泉州三个港口迅猛发展，“海上丝绸之路”进入鼎盛发展阶段；元朝时，既出现了海上贸易的一度繁荣，也遭遇了 4 次海禁；明代，“海上丝绸之路”航线扩展至全球，郑和七下西洋标志着“海上丝绸之路”发展到了极盛时期；及至清代，随着鸦片战争爆发，中国海权全面丧失，“海上丝绸之路”一蹶不振；民国时期，海上贸易一直呈寥落之势。新中国成立后，特别是改革开放以来，我国海上对外贸易得到长足发展，党的十八大、十九大、二十大报告中相继提出“海洋强国”战略，“海上丝绸之路”建设被提到前所未有的历史高度。着眼于人类追求和平与发展的共同梦想，习近平总书记提出建设“21 世纪海上丝绸之路”的伟大构想，为世界提供了具有东方智慧的共同繁荣发展的方案。

如果说“丝绸之路”是历史天空中的一道彩霞，那么广州黄埔、泉州、宁波、福州、扬州、连云港、登州、合浦八个港口就如八色光一般，映照着中国古代的海上风云变幻。广州黄埔港凭借山海之利，地控三江入海，从 3 世纪 30 年代起就成为“海上丝绸之路”的主港，堪称“历久不衰的海上丝绸之路东方发祥地”；

泉州港作为东西洋间国际贸易网的东方支撑点，在马可·波罗的游记里被誉为“东方第一大港”；宁波港位于中国南北海运航线的终端，是中国著名的国际贸易港之一；福州港堪称中国古代“海上丝绸之路”的重要启泊地之一，是沟通中国与海外文化交流和商贸往来的重要通道；扬州港则凭借矗立大运河之畔的独特位置，成为“陆上丝绸之路”和“海上丝绸之路”的连接点；连云港则曾是中国繁忙海上运输线中不可或缺的一环；登州港在对外交往中因其优越的地理位置，成为古代连接东北亚交流的纽带；合浦港作为多个历史时期南海对外海上贸易的枢纽，是古代“海上丝绸之路”的重要节点。

有港的地方自然有人的活动，有人便有故事。遥想当年，这些港口是何种气象。在那港口之上，徐福出海，圆仁求法，鉴真东渡，郑和西下，马可·波罗上岸……看海面上，商船云集，千舟往复，不分昼夜。周边店铺林立，酒肆里人声鼎沸，街巷里熙熙攘攘；波斯的地毯、大食的异药、新罗的檀弓、安南的象牙、天竺的郁金香和菩提树，琳琅满目。到了夜晚，散落各处的会馆灯火通明，歌吹沸天，各种外语和方言不绝于耳，诗酒唱酬，千灯市喧……而城外，近处则帆樯如林，静立河上，灯影半临水，筝声犹在船；远望烟笼夜色，红灯十里帆樯满，风送前舟奏乐声，一派壮美景象。广阔的是海洋，比海洋更广阔的是人的生活。多少中国人，多少故国事，都付历史洪流中。

这部《海上丝绸之路：8港口志》，是港口志、风物志，亦是文化志、人物志，其或壮阔或幽微的描绘，意在还原历史的场景，唤回文化的记忆。不忘本来，吸收外来，创造未来，这是传记人创作的责任，也是复兴中华的使命。

是为序。

李一鸣

海洋世纪的命门——黄埔港

崖山海战之后，陆秀夫背着少帝蹈海，十余万军民随之呼号殉葬，白浪涛响之中，我们似乎还能听到中原统治者们的悚悚呻吟。明、清之后的一朝朝海禁，一直延续到20世纪70年代的“海外关系”——千回百转，曲折的海岸线实乃一个民族和国家的绞绳。“海”，帝王们梦中的仙人居所，锁国门外的夷邦鬼物。

广州黄埔——纯粹是个渊薮。

如果说上海“黄浦”附骥着春申君黄歇的历史传说乃大陆河文化之古典，那广州“黄埔”则完全是海洋文化的异类。

珠江口咽喉之地，江中一洲古称“凰

洲”，对岸沼地俗曰“凤浦”，渔舟点点，烟村一抹。某一天，瑞典商船“哥德堡”号停在了这里，美国商船“中国皇后”号、俄罗斯“希望”号和“涅瓦”号、澳大利亚“哈斯丁”号……接踵而至，不知是中国翻译啰嗦不清呢，还是洋人简单化了地名，“凰洲”“凤浦”被“夷人”们口耳相传成了“凰浦”，后来慢慢地演化成了现在的“黄埔”。

在乾隆年间（1736—1796）天下僵冻、沿海封禁，“片帆不得入海”[顺治十三年（1656）六月发布《禁海令》]，只准广州黄埔“一口通商”的垄断年代，黄埔港5000多艘外船盈江压岸，可谓舳舻如云，“十三行”富甲天下。今人多说广州黄埔港是“海上丝绸之路”的起点，其实，从黄埔港出发的商船，满载的多是瓷器与茶叶。据传，1745年“哥德堡”号满载着瓷器、茶叶等货物，第三次从黄埔港返航，于9月12日突遭暴风雨袭击，不幸沉没于哥德堡港入口处。当时从沉没的“哥德堡”号上打捞起来的货物（当然，基本上是瓷器），除去船的损失以及打捞工程的费用，还有丰厚余泽。

英文以“china”（瓷器）命名这块东方大陆，无疑浸濡着黄埔港的脐带之血。

那个年代，黄埔港成为东、西方人互相管窥的孔道。大陆文明与海洋文明在此碰撞纠结，船梭如织地构筑起一道横跨东西方文化的灿烂彩虹——一个文明古国在此劈波斩浪，踏上中华民族波澜壮阔的复兴之路……

1. 凤浦，珠江入海口一片凤凰觅食栖息的泥沼地

这里是广州，今日的黄埔港。

“嘟——”随着汽笛的长鸣，一艘载满货物的万吨巨轮缓缓从珠江水道驶向大海。

东方天际，曙光正喷薄而出，海面上光芒万丈。

黄埔、南沙、新沙、内港四个港区共同组成跻身世界十大港口之一的广州港，她的190多条航线将广州与遍布世界的300多个港口紧密联系在一起。

广州作为中国华南的门户，北靠南岭，南濒大海，三江汇集，腹地广阔，面积约1万平方千米的珠江三角洲土地肥沃。优越的环境和地理位置使广州以城带港、以港兴城，港城结合、互动发展，成为我国古代“海上丝绸之路”最重要的始发港之一，一座历经2000多年而不衰的港市。

秦汉时期，广州已是全国九大都会之一，典型的亚热带季风气候，每年4月至5月间，商船乘西南风来，9月至10月间，再随东北风去。广州季节性的互市逐渐繁荣，并因犀角、象牙、翡翠、珠玑等珍物的集散而闻名一时。在秦代，这些奢侈品便是对百越用兵的重要缘由之一。

珠江三角洲由泥沙逐渐冲积而成，广州港口、码头的位置也经历了一个大体由西北向东南迁移扩展的过程，作为河海兼备的港口城市，这对广州城市的发展和功能布局都产生了非常重要的影响。

秦汉以前，最早的兰湖码头在城西北的象岗山（古称席帽山）下古兰湖畔；晋代，现惠福路的坡山即为当时的渡口；隋唐时的光塔码头在现在的光塔路附近，怀圣寺内的光塔兼具灯塔的作用。

广州很早就有了内外港之分，上述港口靠近城区，均为内港。外港作为大船或海舶停靠和中转的锚地，位于离城区较远的郊区。广州较早出现的外港是位于今黄埔区南海神庙（波罗庙）附近的扶胥港，它最早形成于晋代，唐代已非常繁盛。

秦汉时期，以广州为起点的“海上丝绸之路”已经开辟：由南海经东南亚入印度洋，再由印度人和罗马人转贩，延伸到欧洲。但由于当时的政治、经济、文化重心在北方，对外贸易通道以横跨亚欧大陆的“陆上丝绸之路”为主，面对茫茫大洋的“海上丝绸之路”显得微不足道。

2000 多年前的广州古城是名副其实的沿海城市。当时，沙贝、增埗、螺涌围一带的珠江水面异常宽阔，附近的江面至今仍有“沙贝海”“西华海”之名。珠江入海口，海天连接之地，有一片泥沼，这里海鸟翱翔聚集，“凤浦”便渐渐成了它的名字，意为神鸟凤凰觅食栖息之地。

由此放眼远望，所见之处皆被翳密的原始森林覆盖，除去约占十分之一的珠江三角洲平原和东部韩江下游的潮汕平原，十分之九是地形起伏崎岖的台地和丘陵。这里瘴气逼人，陆路几乎无法通行。密集的河网和充沛的水量，为水上交通运输提供了便利。《淮南子·原道训》说：“九疑之南，陆事寡而水事众。”

岭南三面环山，粤北有越城岭、萌渚岭、都庞岭、骑田岭、大庾岭从西到东，逶迤苍茫；粤东有莲花山、罗浮山、九连山；粤西有云开大山、云雾山等。群山环绕的地理环境有利于军队的集结隐蔽，并能依山据险，外可出击，退可固守，对于珠江三角洲等平原起到了重要的屏障作用，但同时也阻断了古代岭南与外界的交通。由岭南入中原，要乘船沿珠江水系北上，至南岭山麓，转陆路越过分水岭隘口，通过湘江、赣江驶入长江水系，然后转入中原地区。

此时的中原大地，经过上百年的征伐，一个庞大的秦帝国诞生了。

秦并六国后，秦始皇派大将蒙恬北击匈奴收复河套地区，与此同时，派遣50万大军南征百越，将两广纳入帝国版图，设南海、桂林、象郡三郡，诞生于黄河流域的华夏文明第一次越过长江流域，将势力扩张至珠江流域。

在征讨百越的战争中，为了解决后勤供应问题，朝廷派史禄带领数十万兵卒，花5年多时间，于秦始皇三十三年（前214）凿通灵渠，首次将珠江水系和长江水系连接起来。长江的船只可从湘江入灵渠，转漓江驶入珠江。自此，直至湘桂铁路、京广铁路通车前的2100多年间，灵渠始终是沟通南北交通的要道。

秦末，楚汉争霸，赵佗自立南越国。汉武帝时，南越内乱，汉朝出兵南征，尽并南越故地。自此，南粤大地渐融入华夏文化圈，沐浴王化，成为中原王朝的一部分。

但地理位置远离中央的客观现实，使得岭南地区基本上呈现两个特点：高边缘化和高离心力。每到王朝末年，中央集权衰落，南粤便出现独立或者半独立的割据政权。

隋唐以前，在中国的地缘格局中，中华文明的重心长期在北方，王朝关注的焦点是位于北方草原、虎视眈眈的游牧民族，各王朝几乎均定都黄河沿岸，北方边境雄伟的万里长城、汉帝国对匈奴发起的百年战争、“陆上丝绸之路”的开辟、王朝与中亚国家的外交等，中国历史上让人神思激荡的剧目几乎均以黄河流域为舞台上演。

在古代，广东作为“岭海之间，去京师万里哉”（韩愈《祭鳄鱼文》）的烟瘴之地，发配岭南是一种极其严厉的判决。唐代的韩愈就曾被流放到阳山、潮州，苏东坡也被流放到惠州、儋州。对于大一统的中原王朝来说，地处“蛮荒”边陲的南越，始终无足轻重，无缘成为重要的板块，稳定在帝国的境内是它最大的价值。

岭南落后的状况到唐朝中叶迎来转机，唐天宝十载（751），大唐帝国和阿拉伯帝国之间爆发了怛罗斯之战。此战为“凤浦”这片珠江口岸的普通泥沼地变为一个临江靠海的小渔村，并进而成长为南方大港，从中华文明舞台的边缘走向中心，提供了历史契机。

2. 黄浦，一个临江小渔村演变为南方国际大港

在哈萨克斯坦南部与吉尔吉斯斯坦北部交界，塔拉斯河由东南向西北方静静流过，这是一条季节性河流，全长不过600余千米。河流中游左岸平原地带，有一座以河流名字命名的城市——塔拉斯。

在中亚地图上几乎找不到塔拉斯的影子，然而就是这座默默无闻、看似不起眼，甚至有些破落的小城，却拥有上千年的历史，是古代丝绸之路上重要的商业城市和国际贸易中转站，是中亚最古老的城市之一。

更为重要的是，在公元751年，塔拉斯一度成为全世界关注的焦点：当时世界上最强大的两个大帝国阵营——大唐帝国和阿拉伯帝国，携其联军在塔拉斯展开了一场声势浩大、你死我活的国际大会战。

中国历史称之为怛罗斯之战，此役是中国古代史上最远的远征，也是中国人与阿拉伯人之间爆发的唯一的大规模军事冲突，它改变了中华文明乃至世界文明的走向。

是役，唐朝纵横西域数十年、所向披靡的重装骑兵首次惨败给新兴的阿拉伯帝国。唐朝势力退出中亚地区。四年后，“安史之乱”爆发，盛唐由此转弱，中国的经济和文化重心开始南移。

唐宋时期，北方连年战乱，连接欧亚大陆的丝绸之路被战火阻断，“海上丝绸之路”日趋兴盛。伴随造船、航海技术的发展，通往东南亚、马六甲海峡、印度洋、红海，及至非洲大陆的航路纷纷开通与延伸，“海上丝绸之路”成为我国对外交往的主要通道，宁波、泉州、广州、澉浦、温州、杭州等一大批港口城市发展兴盛起来。

作为“海上丝绸之路”的重要起点，广州一跃成为中国对外贸易第一大港，也是世界闻名的东方大港。扶胥镇是当时广州最为重要的外港，北宋年间修筑的从东江口到波罗庙前的扶胥古运河，缩短了东江各埠到广州港的航程，使内河船避开风浪较大的狮子洋，也为海船提供了避风之所。

港口的兴起带动了当地村落的发展，那片曾经叫“凤浦”的泥沼地，逐渐发展成一个临江靠海的小渔村。后来外国商船常在此汇集，外国人讹读“凰浦”，久而久之又成了“黄浦”。

明以后，古扶胥港由于泥沙淤积而不适宜海舶停靠，琶洲古黄浦村一带渐成外船停泊之地。这里包括从酱园码头往北至琶洲一带的弧形水域，由于水面开阔，岩岸陡峭，是良好的避风港，适于贸易季节大量木帆船停泊，逐渐成为广州重要的外港，是为黄浦港也。

其后，由于琶洲黄浦村码头淤浅，不适应形势发展的要求，1937 年，在波罗庙上游 6000 米处兴建“黄埔新埠”，即今人谓之“黄埔老港”。

据考，黄浦村最迟在宋代已很繁荣：村北帝庙有 8 块碑刻，明确记载此庙首建于北宋时期；村中曾发现用木桩筑堤的遗迹，筑堤护田出现在宋代；村中居民现有梁、冯、胡、罗四大姓，据其族谱记载，罗姓始祖于北宋迁入，而胡、冯两姓于南宋迁入，梁姓于明代从番禺迁至此，由此可以佐证黄浦村最迟于宋代兴起。

根据唐人贾耽的记载，至迟在 5 世纪，中国的海舶从广州启航，历南海、印度洋、波斯湾，云帆高挂，直驶伊拉克的巴士拉。这条由中国和亚非人民共同开辟的名为“广州通海夷道”，长达14000多千米，是当时世界上最长的航线，也是古代海道交通大动脉。

此时，沟通海河、黄河、淮河、长江、钱塘江五大水系的南北大运河已经开通，并通过跨越南岭的各条通道，同珠江水系连接起来。得天独厚的交通优势，使广州作为一个港口得到了非常广阔的内陆腹地，覆盖了大半个中国。大批货物从北方源源不绝运往广州，海外运抵广州的货物，亦以同样方式纷纷运往岭北，这是广州成为华南古代“海上丝绸之路”最重要始发港的地理基础。

广州内港主要码头区已从兰湖移到光塔一带，珠江岸线大概在惠福路之南，文明路之北。光塔码头就位于坡山半岛西侧的浮丘湾畔，其西边（即今之西关一带）是属于兰湖流域的河涌纵横的低洼沼泽。

光塔码头区，中外商人云集，唐末时，外国商人曾达12万人之多，他们大多为阿拉伯人、波斯人，运到中国的货物以奢侈品为主，主要有珊瑚、玛瑙、胡椒、麝香、犀角等，从中国运出的货物主要有茶叶、丝绸、瓷器、铜制品、药材、漆器、竹器等。

“蕃商列肆而市”，附近的蕃坊，是外商聚居之地。广州最早的“蕃坊”在今天广州城西南隅以怀圣寺为中心的地带。相传广州怀圣寺始建于唐朝初期（公元7

世纪初),距今已有1300多年的历史，是广东省重点文物保护单位，寺院内的光塔被定为全国重点文物保护单位。当时珠江河面很宽阔，珠江岸边高高耸立的光塔就是为船舶引航的标志。

唐高宗时期，朝廷在广州设立了第一个专门管理对外贸易的机构——市舶使，派宦官负责管理海外贸易的有关事宜，并委派“岭南帅”加以监督，对多种舶货征税，海外贸易的税收成为中央政府财政收入的一个重要来源。

两宋时国家富庶，商贸发达，由于北方少数民族的压力，无法通过河西走廊通往西域进行商业贸易。这一时期，随着指南针的改良、造船水平的提高，宋朝便把商业中心从西北转向了东南。宋朝商人从海上绕过南海和印度洋通往阿拉伯，阿拉伯商人则从相反的路线来到中国。

宋代的海船制造业举世无双，有长约40丈、深为9丈、阔7丈5尺，可载五六百人的巍如山岳的大海舰。船的造型为尖底，上平如衡，下侧如刃，可以破浪而行，竖有多种桅杆，并造转轴，能自由起放。隔舱防水，坚固安全。宋朝时，海员已能熟练地掌握海洋季风的规律，利用它来出海或返航，通过观测北极星的高度来判断地理纬度，用航海罗盘导航、指南针引路等。南宋赵汝适在《诸蕃志》中说：“渺茫无际，天水一色，舟舶往来，惟以指南针为则，昼夜守视惟谨，毫厘之差，生死系焉。”指南针的应用对大洋远航的重要性和意义不言而喻。

宋王朝统治者对发展海外贸易的重视，积极鼓励外国海商来中国贸易。北宋初年，广州是宋朝进行海外贸易的唯一门户，无论是从官员挑选还是管理制度上，中央政府对广州都特别重视，在这种大背景下，广州黄浦港一跃成为中国南方著名的国际大港，由于外国商船从海上逐渐看到陆地，于是黄浦逐渐多了泥土的气息，逐渐变为“黄埔”。从凤浦、黄浦到黄埔的曲折演变，见证了这个小渔村的发展与兴盛。

宋室南渡，定都杭州后，东南沿海各大港口迅速繁荣，与宋朝有海上贸易往来的国家和地区多达60个以上，进出口货物的种类和数量也大大增加，繁荣的贸易带来极为可观的市舶收入，成为朝廷的一个重要经济来源。宋朝还派遣使节到海外从事贸易活动，对促进贸易有功的番商还授予官职。

宋代所建市舶司、市舶务比前代大增，达8处之多（广州、泉州、杭州、密州板桥镇、明州、温州、秀州华亭县和青龙镇，后4处为市舶务），由于泉州离杭州较近，南宋朝廷刻意扶持，泉州港迅速崛起。

宋元交替之际，广东是南宋最后一个据点，元军与南宋军于此地多次展开激烈拉锯战，社会经济被严重破坏，很多百姓逃亡海外或被杀，海外贸易受到很大影响。反观泉州，因为蒲寿庚的投降，元军在占领南宋都城之后，兵不血刃就平定了泉州。由于元朝政府的支持，泉州的海外贸易不但未因宋元交替而停顿，反而有了进一步的发展，泉州一跃成为闻名世界的东方第一大港，广州遂屈居第二。

3. 黄埔，一口通商铸就了百年辉煌

15 世纪是航海大发现的世纪，无论对于东方还是西方，都是一个分水岭。

明永乐三年，即 1405 年的 7 月 11 日，苏州刘家港，240 多艘海船，27000 余人，随着三宝太监郑和的一声令下，浩浩荡荡奔赴南洋。这是当时世界上规模最大、实力最强的远洋编队，甚至被誉为浮在海上的帝国。之后的 28 年间，郑和七次奉旨率船队远航，曾经到达过爪哇、苏门答腊、苏禄、彭亨、真腊、古里、暹罗、阿丹、天方、左法尔、忽鲁谟斯、木骨都束等 30 多个国家，最远曾达非洲东岸。

郑和下西洋比哥伦布早 87 年，比达·伽马早 92 年，比麦哲伦早 114 年。

郑和在海洋上展示了中国成为海洋强国的潜力，遗憾的是，以后的封建王朝把国门重重地关上了，中

国失去了成为海洋强国的机会。

而与此时间相隔不久，西方的航海探险活动经过前赴后继，最终发现了新大陆，开辟了新航线，宣告一个新时代的来临。

地理大发现将广东从帝国的一个边陲省份，推向了接纳海洋文明的最前沿地带。广州迎来了走向辉煌的机遇，但明、清帝国仍迷恋于传统的农业、手工业，不愿接受世界先进事物，相信“天朝物产丰盈，无所不有，原不藉外夷货物以通有无”（梁廷枏《粤海关志》），实行的海禁和闭关政策，将这一机遇延迟了数百年。

其后，海上狼烟四起，海被瓜分了，被武装了，而我们依然沉浸在天朝上国的迷梦中，闭关自守，对世界大势一无所知。

海禁始于元朝。明初，政府为了遏制东南沿海倭寇的侵扰，实行更为严厉的海禁，还禁止民间使用及买卖舶来的番香、番货等，并为此制订了严酷的处罚办法。尽管明朝海禁十分严厉，但仍然保留着广州市舶司，广州持续地起着中外文化交流的门户的作用。随着西方资本主义的发展及新航路的开辟，葡萄牙、荷兰、英国、法国、美国等国的商船先后经黄埔港来到广州。

清顺治年间，为了防止沿海民众通过海上活动接济反清抗清势力，下令沿海省份“无许片帆入海，违者立置重典”（尹继善、黄之隽《乾隆江南通志》），并强行将江、浙、闽、粤、鲁等省沿海居民分别内迁30里至50里，设界防守，严禁逾越。

然而，开放是世界性的潮流，不是闭关锁国所能阻挡的。

康熙二十二年（1683），台湾告平，清廷方开海禁，先后设立闽、粤、江、浙四海关，管理对外贸易事务。但是，面对日益严重的“海寇”活动和西方势力在东亚海域的潜在威胁，乾隆二十二年（1757），下令关闭江海关、浙海关、闽海关，指定广州为夷人贸易唯一之商埠，此外不得在中国各地通商。乾隆二十四年（1759），又指定广州黄埔港为外国商船唯一的停泊口，确立了广州独口贸易的地位，广州遂成为偌大中国唯一对外开放的窗口。一时间，西方舶来品不断在广州登陆，黄埔水域百舸争流，万樯林立，商贾云集，物宝交驰，东西方文明在此碰撞、交汇。

清政府实行一口通商后，进出黄埔港的商船数量增长较快，据《粤海关志》统计，乾隆二十三年（1758）到道光十七年（1837）的80年中，纳入粤海关视野的外国商船共计5107艘。据《东印度公司对华贸易编年史》对历年来华船只的统计，从乾隆三十九年（1774）至道光十三年（1833），到黄埔港的船只为4749艘。这两份材料一份中文，一份英文，足以使后人对这个时期黄埔港的对外贸易规模有一个大概的了解。这些外国商船中，较为著名的有英国的“麦士里菲尔德”号、瑞典的“哥德堡”号，美国的“中国皇后”号、法国的“昂菲特里特”号、俄罗斯的“希望”号和“涅瓦”号、澳大利亚的“哈斯丁”号等，广州呈现出一派国际性港市气氛。

1745年1月11日，黄埔水面，瑞典商船“哥德堡”号一声长鸣，告别广州，满载大约700吨的茶叶、瓷器、丝绸、香料等中国货，启航回国。瑞典“哥德堡”号是大航海时代瑞典东印度公司著名的大型远洋商船，它由斯德哥尔摩的船厂建造，可载货843吨，配乘员120人左右。除船长外，船上还有四位长官和一位传教士。另外，还有水手和有专业技术的木匠、制帆人、理发师和厨师等人。

17世纪末18世纪初，是历史上中国货在欧洲最为风靡的时期，那时在欧洲刮起了一股“中国风”。欧洲人把中国看作富有、时尚而又神秘的国度，贵族们不但着迷于中国物品，就连建筑也常常模仿中国风格。瑞典斯德哥尔摩的皇后岛上，就有一座仿中国建筑的宫殿群，这个建筑群被当地人称为“中国宫”。因为王后十分喜爱与中国有关的东西，国王为了讨得爱妻的欢心，特意为她建造了这座宫殿。许多从中国运来的瓷器、漆器、丝绸等工艺品陈设在这座宫殿里。所以，中国货是一种销路极好的商品。

“哥德堡”号一共三次远航广州。第一次为1739年1月21日至1740年6月15日，第二次为1741年2月16日至1742年7月28日。它的最后一次广州之行，注定是一次令人惋惜的悲壮航程。前两次远航成功，获取的丰厚回报让所有的人感到无比兴奋，人们对“哥德堡”号的第三次航行同样充满着希望。但是，这次航行从一开始就遇到了很多麻烦，董事们对即将到期的贸易特许权忧心忡忡，远航前由于耗费了很长的准备时间，以至于这次远航于1743年3月14日启航时，已耽误了最佳的启航时机。船只行至越南海域附近时遇上季风，不得不驶向爪哇岛等候了5个月，食物的匮乏、饮用水的短缺，再加上酷热难耐的天气，先后夺去了35个人的生命。

经过休整后的“哥德堡”号重新启航，1744年夏天，“哥德堡”号终于到达广州黄埔港。他们分别在爪哇和广州两地招募了35名新船员，这些船员大都是在爪哇和广州荷兰东印度公司里工作的瑞典人，他们都为能搭乘这艘船回到瑞典而感到欣喜。

1745年9月12日，这是一个阳光明媚、风平浪静的日子。“哥德堡”号向哥德堡港驶来，领航员已登上了“哥德堡”号并把船引向港湾。还有1000米，900米……船员们已经依稀遥望到港口岸边攒动的人群，亲人们手捧鲜花、香槟酒，情不自禁地挥动双臂欢迎的场景，毕竟两年半没有见面了，大家扶老携幼地来到这里等待着，人们欢呼雀跃、载歌载舞，憧憬着与亲人团聚的那一刻，猜测着这条宝船究竟会从遥远的中国带来什么样的珍宝。就在人们热切期盼的目光中，“哥德堡”号突然偏离航向，随着一声巨响，巨轮猛地撞上一块礁石，风平浪静的海面掀起惊涛骇浪，“哥德堡”号顷刻间沉入了苍茫的大海，所幸离岸较近，船员均被救起，但整船从中国运来的珍贵货物却被大海吞噬。

这次从开始就不顺利、最后以海难结束的航行，达到两年半之久，较之前两次都要长，或许出发的那一天，这个结局就已注定了。但无论结局如何，“哥德堡”号揭开了瑞典与中国友好交往的第一页。

当然，黄埔港见证的故事中，像“哥德堡”号这样令人悲伤的海难事件毕竟是少数，让人愉悦的故事还是占据主流。比如在 1784 年 8 月 28 日，黄埔港上空响起隆隆的礼炮声，这是美国抵达中国的第一艘商船“中国皇后”号上的船员们鸣放的礼炮，以向这个繁花似锦的花城表示敬意。

美国是欧洲移民在新大陆上建立的国家。独立战争以前的殖民地时期，美国与中国之间并无交往。但是，从欧洲转运到美国去的中国货以及中华文明在欧洲的传播使美国人对中国这块陌生的土地及文化充满了向往。

独立战争结束之后，美国商人希望直接与中国贸易。乾隆四十八年（1783），一艘由波士顿商人投资，名为“哈里特”号的美国小帆船，满载西洋参等货物，欲经好望角驶往中国。英国东印度公司侦知情况，生怕美国人和中国的通商会挤掉他们在广州的贸易地位，便在好望角强行用重量相等的茶叶购下全部美货，美国首航中国的商航就这样半途而废。

但美国商人并未气馁，乾隆四十九年（1784）2月22日，“中国皇后”号从纽约启航了。此次航行由费城的大商人罗伯特·摩里斯与另外几名富豪出资，船上装载的是包括300吨出产于加拿大的人参、2600张毛皮、360担棉花和铅、香料诸物。船长约翰·格林曾任海军上尉，船货管理员山茂召曾任陆军少校，在美国独立战争中立过战功。

“中国皇后”号在广州待了四个月，1784年12月28日满载中国货物返航，次年5月11日到达纽约港。“中国皇后”号的历史性远航，受到了美国国会的极大重视和欢迎，当它驶进港口时，特鸣礼炮13响，代表美国13州人民祝贺它的首航告捷。

在黄埔港一口通商期间，来华贸易的外商及海员等外国人数量巨大。据初步估计，19世纪20年代至30年代，仅每年来华的英国海员人数就在4000—5000

人。由于长时间的海上颠簸，来华海员发病率很高，而且外船来华后，商人居住在广州的商馆，船员则在整个贸易季节都居住在位于黄埔港的船上，每年6月至次年3月是疟疾的高发期，船员生病和死亡的问题非常严重。

据1834年8月英国驻华商务监督机构医生、原东印度公司商馆医生加律治给首席驻华商务监督律劳卑的信中说，当年到达黄埔的外国船只总数为264只，海员数量约为6320人。估计约一半以上船只出现过死亡病例，大型船只可达20多人，有的小型船只也有三四人。生病的海员有时被扔到黄埔或澳门的水稻田里。因贫病交加而被送到岸上的水手只能去外国商馆，如果他死于路上，任何中国人都可以对尸体收税，金额常常是15—20元。

1836年年底，首任英国驻华商务监督律劳卑从财政拨款中给予资助，并接受英国商人的捐款，购得一艘已经无法载货出海的名叫“北架”号的船，停泊在黄埔港水面作为海员医院，收治各国水手兼及中国穷人。但由于广东当局担心医疗船成为走私船，以外船不准长期停泊黄埔的旧例，黄埔的生病船员可送往澳门医治等为借口，进行抵制，1838年6月，海员医院营业一年半后，即被迫关闭。

这些在黄埔港去世的海员，大多被埋葬在黄埔的

“番鬼山”（因粤语称外国人为“番鬼”）上。番鬼山又名竹岗，在长洲深井村，该山滨临珠江，墓地原墓葬较多，已有上百年历史，因时光洗刷和人为破坏，现得以恢复的仅 20 座左右。从现存的墓碑可知，在此下葬者来自英国、美国、德国、西班牙、阿拉伯地区、东印度、孟加拉等地。1998 年，广州市政府出资 300 万元修复这片墓地。2002 年，该墓地被列为省级文物保护单位。

4. 粤海关黄埔挂号口与十三行商

历史上，中国出入境事务的管理机构是由陆地边关逐渐发展到沿海的。唐代，广州设市舶使、市舶司，以管理对外贸易，这一制度一直延续至清初。康熙二十四年（1685），清政府开设江、浙、闽、粤四海关，受户部领导，这是中国历史上第一次出现海关的命名。

乾隆二十二年（1757），广州一口通商地位确立后，粤海关极尽显赫，成为大清海关、中国海关的代名词。粤海关大关设在广州五仙门内，由皇帝从内务府钦派海关监督一人，管理范围覆盖整个广东沿海（含现在的海南省和广西合浦、钦州等地）。下辖省城大关、澳门总口、乌坎总口、庵埠总口、梅菉总口、海安总口、海口总口 7 个总关口，各大总口下辖小关口共70个，省城大关的挂号口设在黄埔村内，梁廷枏在《粤海关志》称其为“黄埔挂号口”。

黄埔挂号口的管理机构包括税馆、夷务所、买办馆和永靖营等，并在黄埔村一带建造了人工码头，设置了港口管理机构。税馆，顾名思义，是负责征收关税的机构；夷务所主要办理外国商船进出黄埔港和外国商人进出广州城的手续，以及处理贸易方面事宜；买办馆为外国商人提供后勤服务；永靖营是清政府派驻港口的士兵营，保卫港口安全，防止外国商人寻衅滋事。可惜这些建筑后来大都毁于战火。

那时，中国海关拥有海关行政管理自主权，实行“钦定税则”，国内外商船碇泊黄埔水域，须向粤海关的黄埔挂号口申请登记，接受检查，缴纳税款。贸易的繁荣给黄埔挂号口带来了丰厚的税收。从清代官方档案中可以发现，对于粤海关每年税收上缴情况，每位皇帝都非常重视，亲自阅批，分毫不漏。乾隆末年，粤海关年征收关税总额近100万两，几乎相当于全省实征的地丁钱，是全年盐税的两倍，其中约2/3来自黄埔挂号口对外贸易的税收。对这笔经济收入，清政府自然知晓，这也是清政府虽然主张实行严厉的海禁政策，却始终保持一口通商的重要原因。

清政府设立粤、闽、浙、江四海关后，运到广州的商货很多，为了加强管理，保证关税的征收，广东巡抚李士祯会同两广总督和粤海关监督（关长）商酌决定设立金丝行、洋货行，李士桢曾在《分别住行货税》中说道："来广东省本地兴贩，一切落地货物，分别住税报单，皆投金丝行，赴税货司纳税。其外洋贩来货物及出海贸易货物，分为行税报单，皆投洋货行，候出海时，洋商自赴粤海关部纳税……"首次把进出口贸易从一般贸易中分离出来。海关和洋行的出现，把对外贸易管理（海关）和对外贸易机构（洋行）完全分离，是我国传统的朝贡贸易制度向商业行馆贸易形式转变的重要标志。

洋货行俗称"十三行"，是作为广州具有经营进口贸易特权的机构的统称，并不反映确切的洋行数目。乾隆二十二年（1757），广州成了全国唯一的通商口岸，十三行也一跃成为垄断全国对外贸易的组织。十三行不仅成为外商商务的全权代理，还是清政府与外商之间联系的媒介，兼有商务和外交的双重职责。鸦片战争前，广东十三行中的很多行商、买办成了西方资本的附庸，是中国买办资产阶级的前身。

由于垄断对外贸易，十三行商积累了大批财富，与当时闻名的徽商、晋商一起被称为清代中国的三大商人集团，其中以潘、卢、伍、叶四大家族为最。道光十四年（1834），怡和行商伍秉鉴（1769—1843）的资产约为2600万两白银，被誉为"天下第一富商"。

十三行商馆内也是金山珠海，堆满银钱。据载，1822年商馆火灾，大火烧了七昼夜，价值4000万两白银的财物被烧毁，洋银熔入水沟，重新凝固，长约一二里，足见十三行商馆财宝数量之多及其奢华的程度。

每逢重大节日庆典，两广总督、广东巡抚和粤海关监督都要向皇宫进献大批贵重的西洋奇珍异宝，如钟表、镶嵌挂屏、花瓶、珐琅器皿、雕牙器皿、玻璃镜、千里镜等，以博帝王欢心，达到加官晋爵的目的，这些东西大都“委托”行商采办，价值亦由行商“赔垫”，十三行也因此获得“天子南库”之美誉。

十三行历年交给清政府、皇室和各级官吏的捐输、报效和贡银数额巨大。如乾隆五十三年（1788），为镇压台湾林爽文起义，行商捐输30万两；嘉庆六年（1801）华北水灾，初令各洋行捐输25万两，随即又令同文行潘致祥独捐30万两；河南河工，嘉庆十六年（1811）和二十五年（1820），行商每年捐献了60万两，行商因此承受了巨大的经济负担。

外贸的繁盛是一把双刃剑，在东西方文明交汇的同时也输入了“洋垃圾”，鸦片就是一例，从18世纪末起，西方殖民者开始大肆向中国走私鸦片。广州是当时唯一的开放港口，因此也成为洋商走私鸦片的中心，并由此而引发两次鸦片战争，揭开中国近代史的序幕。

第一次鸦片战争后，清政府与英国签订《南京条约》，规定：“凡大英商民在粤贸易，向例全归额设行商，亦称公行者承办，今大皇帝准以嗣后不必照向例，乃凡有英商等赴各该口贸易者，无论与何商交易，均听其便。”这样，十三行独揽对外贸易的制度遂告废除。原十三行改称茶行，继续经营茶、丝等大宗贸易。1856年，十三行商馆再遇大火，化为灰烬，十三行商从此退出中国对外通商贸易的历史舞台。

随着清政府香港割让给英国，及福州、宁波、厦门、上海、汉口、天津等被辟为通商口岸，广州对外贸易的地位逐渐被上海、香港取代。1949年以后，黄埔老港的建设继续得以加强。1973年开始，在老港区下游东江口西南的墩头基建设黄埔新港，1987年又在老港区下游15千米处的东江南侧动工兴建新沙港区，继而于21世纪初开始建设南沙港区。随着经济社会的快速发展和技术的进步，广州各港口整合为广州港集团，由内港港区（广州珠江前后航道诸码头）、黄埔港区（新港和老港）、新沙港区、南沙港区组成，跻身全球十大港之列，昔日的古港又焕发出青春的光彩。

第二次鸦片战争期间，英法联军占据广州，为扭转海关税款锐减态势，咸丰九年（1859），两江总督何桂清授权海关总税务司李泰国仿照江海关外籍税务司制建立粤海关。其后，外籍税务司制在广东沿海逐渐推行，潮海关、北海关、琼州关、九龙关、拱北关、江门关、雷州关等相继设立。不同的是，这些海关与粤海关不再是隶属关系，而是与粤海关并列，受总理衙门属下总税务司节制。

新中国成立后，粤海关改称“广州海关”。中共十一届三中全会后，地处改革开放前沿阵地的广东进出口业务猛增，贸易方式和运输方式均呈多样化趋势，为了适应新形势的发展，广东省内海关从管理体制及监管模式等方面率先实行改革。1980 年，广东分署正式设立，指导广东省内海关工作。与此同时，广州、黄埔、深圳、拱北、汕头、江门、湛江 7 个省内海关也相继升格为厅局级机构，一个省内有 7 个厅级海关，至今仍为全国独有。广东省内海关的设置，从一个侧面见证了处于改革开放前沿地带的广东对外贸易的繁荣景象。

5. 广州黄埔，东西文明交融激荡之地

广州自汉、唐、明、清至今上下 2000 年，一直是中国的贸易港口，历久不衰，而长期持续的外贸地位使生活在这里的人们思想开放、包容，对西方器物和西方文明采取了更易接纳的态度。特别是从黄埔港一口通商到鸦片战争的 80 余年间，广州几乎总揽全国的

进出口贸易，而西洋文明也伴随着西方器物进入中国大地，冲击着人们的心灵，西洋物质文明和精神文明从黄埔登陆，并向内地扩散。黄埔由于地利之便，得风气之先，成了东西方文明交融激荡的最前沿之地。

曾于道光六年（1826）来到广州的旗昌洋行美国商人亨特在《旧中国杂记》中写道，当时黄埔已是一个拥有数千居民的大镇，几乎所有的居民都同外国船有直接或间接的关系。尽管政府“禁止濒海居民私自出海”和“禁止私通海外诸国”，但作为清朝一口通商政策的受益者，黄埔村村民中做买办、通事，与外商接触频繁，出洋经商者层出不穷，成就辉煌者也大有人在，这使得黄埔村成为政治名人、侨领及名商的摇篮，如：外交家胡璇泽、梁诚、梁洵，商业巨子梁韬、梁经国、梁纶枢，专家学者胡栋朝、冯锐、梁方仲，军事界的冯肇宪、梁广谦等，他们在中国政治、经济、文化舞台上大放异彩。

由于黄埔在清代对外贸易中的重要地位，催生了一批精通此道的黄埔商人，他们把生意做到了东南亚、欧美，至今仍然在海外享有盛誉。十三行之一的“天宝行”创始人梁经国在广州商界盛极一时，今黄埔村南约荣西里 7 号的“左垣家塾”即是其房份祠堂。

“黄埔先生”胡璇泽 (1816—1880) 是 19 世纪中后期名噪一时的新加坡侨领，他是中国第一位驻外领事，同时也被俄国、日本委任为驻新加坡领事。现在新加坡的实龙岗二条半石一带，有黄埔北路、黄埔南路、黄埔东路、黄埔西路、黄埔涌和黄埔学校等，都是为了纪念胡璇泽。

被誉为“清华之父”的外交家梁诚(1864—1917)也是黄埔村人,他12岁赴美留学,先后任清政府驻美国、西班牙、秘鲁、古巴等国外交官，梁诚在出使美国期间，成功赎回粤汉铁路，并争取美国退回庚子赔款2700多万美元，被用来建造了赫赫有名的清华大学。

黄埔在西学东渐中的作用无可替代。明末清初，通过入华传教士带入中国的天文历法、测量以及“西洋奇器”等冲击着人们的思想，这些西方文化引起了清廷与社会上层的注意。康熙三十一年（1692），康熙帝颁发了一道著名的敕令，允许天主教在尊重中国礼俗思想和风俗习惯的前提下在华进行传教活动。于是，汤若望、南怀仁、张诚、戴进贤、郎世宁等一批深谙西方文化的传教士先后登陆广州，部分赴京供职，对西方文化的传播起到了积极的推动作用，影响了中国的天文、医学、绘画、音律、科技等方面。

康熙五十九年（1720），面对势力日渐壮大的天主教，清廷采取了禁教政策，全国各地的传教士陆续被驱逐到澳门，集中在广州的传教士则不许传教诵经，但西方文化的传入并没有因为禁教而被切断，反而随着商贸的发展而壮大。如近代中西文化交流的开拓者英国基督新教传教士马礼逊于嘉庆十二年（1807）抵达广州后便担任英国东印度公司的汉文翻译，他先后翻译出版了《圣经》中文版，编纂了中国第一部汉英对照字典《华英字典》，收入汉字4万多个，是中国第一部汉英对照字典，1828年又编撰了《广东省土话字汇》等。

嘉庆二十年（1815），马礼逊和米怜在马六甲海峡刊印了第一份中文期刊《察世俗每月统记传》，成为反映西方情况的第一份中文杂志。道光十二年（1832），美国传教士裨治文在广州主编《中国丛报》。道光十三年（1833），德国传教士郭实腊在广州编辑出版《东西洋考每月统记传》。这些刊物主要登载西方宗教、政治、商业、科学等方面的文章，对于传播最新的西方知识起到了不可替代的作用。

来华的洋人也将西医带到了黄埔口岸，嘉庆十年（1805），英国商人将介绍防治天花的书籍带入广州，十三行行商郑崇谦将它翻译成中文，译为《种痘奇书》，于是，安全易行的牛痘术逐渐传遍大江南北，牛痘所到之处天花销声匿迹。道光十五年（1835），美国传教士、医生伯驾在十三行总商伍敦元的赞助下，在广州创办了一所眼科医局。此后，来华的传教士医生不断增多，西医的诊所和医院也推广到香港、上海、福州、厦门、宁波等通商口岸。

6. 黄埔：一个注入了精神和灵魂的地名

梁启超1902年在《中国地理大势论》中指出："（广东）其握大江之下流而吸其菁华也，与北部之燕京，中部之金陵，同一形胜，而支流之纷错过之。其两面环海，海岸线与幅员比较，其长卒为各省之冠。其与海外各国交通，为欧罗巴、阿美利加、澳大利亚三洲之孔道。"

梁氏用三句话准确地概括出广东省的特点——靠海临江的地理位置，使广州既能充分汲取农耕文明的养分，又展开双臂拥抱来自海洋的馈赠，成为中国大陆文明接受海洋文明的天然门户。

在中国古代，广东虽然受海洋文化的熏陶，但更多地受北方大陆农业文明的影响。每当中原地区新旧政权交替，不堪战乱的百姓与没落的权贵都会南下避难。自北向南，如多米诺骨牌一样，新移民不断南下，形成客家人、广府人、潮汕人等群体，挤压南方人的生存空间，很多广东人不得不漂洋过海，下南洋谋生。

近代以后，当海洋文明袭来之时，广东在中国地缘格局里，由落后的边陲地带一跃为前沿地带，这里先是成为古老帝国唯一对外开放的窗口，继而将这种风气自南向北推向全国。

第一次鸦片战争首先在广东爆发，使广东进而有了影响全国局势的机遇，尽管机遇是以苦难和战争的形式出现的。珠江流域成了推动近代文明前进的前沿，康有为、梁启超、洪秀全、孙中山等影响中国近代史进程的人物纷纷涌现。

孕育中国大河文明的共有四条河流，中间两条是黄河和长江，是文明的主体。另外两条是北面的黑龙江、南面的珠江。在工业文明来临之前，中国大河文明受到的威胁大都是发源于北方黑龙江一带的游牧民族，他们如地球的脉动一样，一拨接一拨地从草原南下。

翻开中国古代史，南方的势力成功北伐的少之又少，而南下的军队却几乎都是所向披靡、攻无不克。然而到了近代，广东开始不懈地进行北伐，且颇有斩获。孙中山武装反清第一次起义，便是1895年广州起义。北洋军阀统治时期，广东成为长期对抗北洋军阀的大本营。

20世纪20年代，国共两党在广东组建黄埔军校。1926年，两党联手，以黄埔学员为主力组成国民革命军出师北伐，占领武汉、南昌等地，打垮了北洋军阀的统治，将革命的浪潮迅速推向全国。

历史往往有一些让人不解的巧合和因缘，当年孙中山先生在共产国际的帮助下，决定和共产党人联手创办军校时，无意间将这所军校选在了黄埔岛上，人们记住了这所对中国近代史影响巨大的黄埔军校，而它的正式名字“中国国民党陆军军官学校”倒是鲜有人记起。

当年岛上一座向江面延伸的木制码头，是往来军校的交通要道。码头旁的彩楼上有一副对联。上联：“升官发财请往他处”，下联：“贪生怕死勿入斯门”，横批：“革命者来”，这就是黄埔的革命精神。黄埔军校赋予黄埔这一个普通地名当时最流行的革命精神，使广东成为国民革命运动的中心，直接影响了近代中国的历史走势，也使得黄埔军校名扬天下。

作为中国现代历史上第一所培养革命干部的新型军事政治学校，黄埔影响之深远，作用之巨大，名声之显赫，都是难以想象的。她如同一个“摇篮”，为国共两党培育了一大批军事政治将帅之才。据统计，黄埔军校至少培养了800名共产党员，其中高级军事将领34人，即元帅4人：林彪、徐向前、聂荣臻、叶剑英；大将3人：陈赓、罗瑞卿、许光达；上将7人；中将8人；少将12人。国民党高级将领更是不计其数。他们战功显赫，扬威中外，这些人在抗日战争中成了民族的脊梁。

改革开放后，广东成为率先开放的省份，第一批五个经济特区，广东独占三个。千年的积淀，加上政治上助推，广东的地缘优势得到了充分发挥，中国四个一线城市“北上广深”，广东占据两个。如今，珠三角城市群崛起，粤港澳大湾区呼之欲出。从长远看，以南海为核心，涵盖东海、黄海的“亚洲地中海”，将成为未来世界的重要一极。

从凤浦、黄浦到黄埔的历史演变，见证了广东这座千年不衰的港市迎来了新的历史契机，见证了中国这个拥有数千年文明的国家，正在伟大复兴的道路上阔步向前。

（刘迪生 张雪峰）

古代东方第一大港——泉州港

在人类古代文明发展史上，曾经存在一种海上航运和贸易航路体系，它就是著名的“海上丝绸之路”。7个多世纪以前，著名旅行家马可·波罗沿着“海上丝绸之路”完成了他壮丽的世纪之旅，旅程的起点是被称为“亚得里亚海明珠”的意大利水上都市威尼斯，终点就是中国泉州。“海上丝绸之路”从公元前2世纪持续到19世纪中后期，宋元时期（10—14世纪）为繁荣时期，当时，古泉州以“刺桐”为代称而闻名于世。

泉州位于福建东南部，枕山面海，风光秀美，素称“山川之美为东南之最”。相传晋室衣冠南渡时，避居此地者多沿江而居，故称流经此处的河流为“晋江”，尔后，“晋江”便成为泉州所在的县名。泉州因其气候温润宜人，也称“温陵”；更因有名山清源山可俯瞰全城，其形似鲤鱼，遂有“鲤城”之雅号。泉州还因全城遍种刺桐树而闻名，又被誉为“刺桐城”，据《福建通志》所载：“刺桐城，节度使留从效加版筑，傍值刺桐，岁久繁密。”

泉州港，古称“刺桐港”，距今已有1300多年历史，是世界千年航海史上独占400年鳌头的“世界第一大港”。它位于福建东海之滨，扼晋江入海口，北至泉州湄洲湾内澳，南至泉州围头湾同安区莲河，水深港阔，资源丰富，海岸线总长541千米，大小岛屿208个，是一个天然的良港和海防要地。独特的地理位置起伏落差形成“三大湾十二支港”，最著名的后渚港，是泉州港主要对外交通贸易港口。

古泉州港的崛起，得益于“海上丝绸之路”发展的大气候，也有其自身的条件。一是泉州港襟江带海，海岸线曲折，水域宽，航道深，地理位置与自身条件有利于建立大型船舶停靠的港湾。二是福建地区经济的发展，特别是闽南地区多产丝绸、瓷器，为海运提供了丰富的货源。三是当地政府采取开明的政策与措施，古泉州数任治闽地方长官如常衮、王审知、王延彬、留从效等，都比较重视海外贸易，竭力“招徕海外蛮夷商贾”，从而推动了泉州港的发展。

泉州港的发展、兴起、繁荣和衰败的过程与“海上丝绸之路”的发展历程基本上是同步的。“海上丝绸之路”出现和形成时期，也是泉州港初步发展的阶段。南北朝时期，泉州港已有外国人出入，但此时，它只是一个船舶的停靠点。到了唐代，“海上丝绸之路”进入了一个新的发展阶段，承担起了东西方经济、文化交流的重要作用。中国沿海出现了一批大型港口，泉州港随之兴起，海运商货贸易量很大。当时，从泉州港启航的船舶，向南可达广州、交州，往北可泛海至登州、莱州，并可远行至辽东。国外的航线，往北航行可通往朝鲜半岛、日本；往南航行，可达安南，向西穿马六甲海峡，横跨印度洋，至天竺，再向西航行，可到波斯湾、亚丁湾。来泉州港的外国船舶很多，包括日本、新罗、百济、婆罗门、狮子国、大食、波斯等国家与地区。从泉州港出口的商货，主要有丝绸织品、陶瓷器、铜铁制品，从外国进口的主要是象牙、犀角、香料、樟脑、胡椒等。往来泉州的各国僧人，已有相当数量。泉州港与广州港、扬州港、明州港（今宁波港）并称“中国四大海港”。

宋元时期，“海上丝绸之路”全面繁荣，此时的

“海上丝绸之路”形成了一个海上交通网络，中国沿海港口全面发展，形成了几个国际贸易大港。泉州港脱颖而出，成为“海上丝绸之路”主要起点港之一。北宋元祐二年（1087），泉州设立市舶司，管理外贸和港口机构。市舶司设置的380多年时间，是泉州港最为兴盛的时期。到了元代，泉州港一跃为“东方第一大港”。

许多中外学者、旅行家对泉州港都有描绘。伊本·白图泰，一位走过12万千米、44个国家的摩洛哥大旅行家，于1346年从泉州港登岸，在中国游历一年。他的游记向世界介绍了中国伟大的文明，并称泉州港为世界最大之港。

元代学者吴澄撰文描绘泉州：“泉，七闽之都会也。番货运物，弄宝珍玩之所渊薮，殊方别域；富商巨贾之所窟宅，号为天下最！”

意大利人马可·波罗在其游记中说：“刺桐（泉州）是世界上最大的港口之一，大批商人云集这里，货物堆积如山，的确难以想象。”

日本人成田节男说：“进入元代，泉州成为中国最大的门户。”

在明代，泉州港是中国东南沿海海商贸易的一个中心港。明代初期，郑和率领庞大的船队七下西洋，始发港是江苏刘家港、福建长乐港，泉州也留下了郑和下西洋的行踪。他在第五次下西洋时，曾到泉州灵山伊斯兰圣墓行香，并留下了圣墓行香碑。明代实行海禁政策，中国“海上丝绸之路”和港口发展停滞不前。海上私商贸易成为主流，兴起了一批海商贸易集团和海商贸易港口。这些海商的货物遍布闽、浙沿海。到了嘉靖年间，海商的发展达到空前的水平。泉州港又出现了短暂的繁荣，成为海商贸易中心港之一。明末清初，郑芝龙、郑成功的贸易船队纵横海上，主要航行至日本和东南亚，与荷兰、西班牙等国的商人交易，泉州港此时成为郑氏集团主要的军港与贸易港，从泉州港出入的船舶每年达3000—4000艘。

进入清代，政府实行海禁、迁海政策，严禁商民私自出海，海上交通与港口发展受阻。泉州港由盛转衰，走向低谷。

大舶高樯多海宝，涨海声中万国商。宋元时，泉州港是东方最大的港口，也是世界上最繁华的港口。正是这座港口，造就了泉州这座古城辉煌的历史，促成了整座城市多元的文化。

泉州港的繁荣是随丝路而来的东西方文明交流在古城开花结出的硕果，中原文化与海洋文化、闽越文化在古城交融碰撞，绽放出“中和为美”“美美与共”的文明光华。国家的“一带一路”倡议把“海上丝绸之路”上作为起点港之一的泉州港再次推入了公众的视野。抚今追昔，人们不禁会问，古代泉州港因何兴起并被誉为“东方第一大港”？泉州向海外传播了哪些文化，沿线国家文化习俗的输入，对泉州又有哪些影响？时间是历史发展最好的见证者，让我们随着泉州港发展的时间脉络，一起去揭开泉州港神秘的面纱。

1. 起于南朝：古泉州港的肇始

汉代的闽中（今福建）是偏僻的边疆，人烟稀少。东汉末年，中原战乱，汉人开始大批入闽。汉人入闽的高潮发生在西晋末年的永嘉之乱后，史称“衣冠南渡，八姓入闽”，开始了北方汉人与闽人的大融合。东晋和南朝又不断有北方汉人南迁泉州，至南朝时期，泉州已居留了大量的中原汉人。中原汉人从北方带来了先进的生产工具和生产技术，融合了南北文化，促进泉州社会经济的发展，泉州海外交通开始初步发展，以梁安港为中心的交通港口初见雏形。

梁安港故址在今福建南安的丰州。当时，丰州是闽南政治、经济、文化的中心。丰州境内的九日山三峰环抱如钳，最高峰海拔 112.8 米。晋人南迁时定居晋江两岸，每年九月九日重阳节，南迁的晋人登九日山遥望家山，沿袭中原习俗，饮菊花酒避灾。丰州的延福寺因“九日”而兴建，成为禅林名刹。

印度高僧真谛（拘那罗陀）是西天竺优禅尼国（今印度乌贾因）人，擅长经、律、论佛典三藏，尤其精通大乘佛法。南朝梁武帝大同年间（535—546），真谛受邀来华，于大同十二年（546）抵达南海郡（今广州），太清二年（548）到达梁朝首都建康（今南京）。梁武帝对他礼遇有加，命其翻译佛经。后来真谛辗转江西、浙江等地，于永定二年（558）来到晋安郡（今福州），研讨佛学，翻译佛经。天嘉二年（561），真谛乘小船至梁安郡（今泉州），住在南安丰州九日山延福寺，翻译《金刚经》等佛经。九日山现存的“翻经石”，就是为了纪念真谛翻译佛经的功绩。天嘉三年（562）九月，真谛从梁安港出发，乘船西归，不料竟漂流至广州。后来他留在广州宣扬佛法、翻译佛经，历时七载，于太建元年（569）圆寂。真谛在华的二十多年时间里，翻译了大量有价值的佛经，同时还培养了许多优秀的弟子，对中国佛教产生了深远的影响。

南迁的中原汉人对泉州社会经济的发展作出了重

要的贡献。他们把北方犁耕和牛耕的先进技术传入福建，普遍采用了粪肥，改变了过去火耕水耨的半原始耕作方法，提高了水稻的栽培技术水平，并开始种植麦、菽等北方作物，扩大耕地面积，促进农业生产的发展。他们的到来，带来了先进的生产技术和科学知识，促进了泉州的纺织业、陶瓷业、造船业等手工业迅速发展。经过100多年的开发，到南朝时，泉州的社会经济已相当繁荣，为海外交通的发展提供了物质基础。南朝时，泉州已是海外交通的重要港口。

2. 兴于唐代："海上丝绸之路"的重要港口

唐代以前，"陆上丝绸之路"是丝绸外销的主要途径。"安史之乱"导致"陆上丝绸之路"的中断与阻塞，北方社会经济遭到严重破坏，南方成为唐朝的经济中心，"海上丝绸之路"日趋兴盛，成为丝绸、瓷器等外销的主要途径。唐代及五代时期，"海上丝绸之路"快速发展，促进了沿海港口城市的繁荣，形成广州、泉州、扬州、明州、福州、登州等港口。

唐朝政府重视对外贸易，对外实行开放的政策。文宗大和八年（834），朝廷下诏包括泉州在内的福建、岭南、扬州蕃客，要求对其"除舶脚收市进奉外，任其来往通流，自为交易，不得重加率税”。（唐文宗《太和八年疾愈德音》）朝廷在广州专门设置市舶司管理海外贸易。

唐代的泉州港是对外贸易的主要港口之一，发展迅速的海外贸易引起了朝廷的重视。朝廷在泉州特设了“参军事四人，掌出使导赞”，以专门管理海外往来的使节和海外贸易。这种开放优待的政策，推动了海外贸易的发展，大批的海外商人、传教士、使者相继云集泉州港。大量的史料和史迹证实，泉州在唐代海外贸易繁荣，番商云集。《闽书》记载，唐武德（618—626）年间，伊斯兰教传教士（穆罕默德门徒中的三贤、四贤）来泉州传教，后卒葬于泉州东郊灵山，世称“圣墓”。这说明伊斯兰教先贤很早就来泉州传教。唐开元（713—741）年间，晋江东石人林銮“航海群蛮海路”“引来蕃舟”“蕃商之陆行各地，设立驿馆，招待往来旅客”等例子，都是古泉州已居住着来自海外的“十洲”商人的最好例证。唐代诗人薛能写下了“秋来海有幽都雁，船到城添外国人”的诗句，描绘泉州对外贸易的繁荣盛况。五代时，闽王王审知和泉州父母官王延彬、留从效、陈洪进等人注重“招来海中蛮夷商贾”，提倡用铜钱、陶瓷交换金贝、香料、珠宝，泉州海外贸易大发展，奠定了宋元时期繁盛的基础。闽王王审知(862—925)节俭自处，选任良吏，省刑惜费，轻徭薄赋，实行保境安民政策，使得东南一隅之地安宁和顺；同时，为巩固政治地位，增强经济实力，他积极发展海外贸易。时逢战乱，闽国与外界的陆路交通几乎断绝，只有依靠海路出入，这种境况进一步促进了福建的海上交通与贸易的发展。为发展泉州的海外贸易，主管保护航线安全的海路都设有指挥使和主管市舶贸易的榷利院，鼓励发“蛮舶”到海外贩运货物；鼓励公平买卖，拓展商业活动，对泉州港的发展有特殊的贡献。王延彬(886—930)，唐末五代任泉州刺史，他先后掌管泉州16年，政通人和，着力于发展农业，并积极发展海外贸易，被称为“招宝侍郎”。《宋史》中记载，留从效“出身寒微，知人疾苦，在郡专以勤俭养民为务”。在他的治理期间，根据《清源留氏族谱·鄂国公传》记载，“陶瓷铜铁，远泛于番国，取金贝而返，民称甚便”，说明了当时泉州的地方长官对海外贸易的重视及采取了开放的海外贸易政策，也是唐及五代泉州海外交通及贸易发展的佐证。唐及五代泉州海外贸易的发展除地方长官的大力支持这一主观条件外，泉州生活经济获得极大的开发和发展，也为泉州对外交通贸易的发展提供了充分的客观条件，从而促成泉州对外贸易的兴起，奠定了这一时期在泉州对外贸易发展史上至为关键的地位，为宋元时期泉州港走向鼎盛打下了深厚的基础。

3. 跃升宋元：涨海声中万国商

在古代泉州港的发展史上，宋元是一个关键的时期。南宋时期，泉州港的地位已超过广州，成为中国最大的港口，到了元代则成为世界上的“东方第一大港”和国际贸易大港。全国及世界各地区的商人和商品聚集在这里，泉州港成为世界物流中心；泉州港有通往世界各地的航路，泉州是世界航运中心；西方国家许多学者、探险家和传教士云集泉州，也使这里成为世界科技文化交流的门户。泉州海商拼搏于“海上丝绸之路”，对促进中外政治经济文化交流作出重要贡献。

宋元时的泉州港是泉州“三湾十二港”的总称。“三湾”指泉州湾、深沪湾、围头湾，“十二港”分别为洛阳港、后渚港、法石港、蚶江港、祥芝港、永宁港、深沪港、福全港、围头港、金井港、安海港、石井港，而重要的内港则有南光港、乌屿港、梧宅港等，这些大大小小的港口分布在泉州南北海岸线的各个角落。

元祐二年（1087），朝廷在泉州设立专管进出港口的船只、货物，以及中外海商和贸易税收的机构——市舶司，泉州港成为正式对外开放的港口，本地或外来的船舶无需再经广州市舶司验关，可直接入港贸易或装货放洋。这一政策使得泉州的海外贸易进入繁荣期，政府充盈的财税为大批桥梁的建造提供了经济基础，同时，作为全国内外物资的吞吐港，腹地许多省份的名贵产品源源不断地贩运到泉州转外销，对大批桥梁的建设提出了客观需求。泉州贸易税收最多的南宋绍兴年间（1131—1162），以中国现存古代最长石桥安平桥为代表的近百座石桥的建立，将泉州海陆交通串联，方便了货物的起运卸载，也通畅了往来商旅。在宋代，泉州形成多造桥、快造桥、造大桥、造长桥的盛况，乃是海外交通空前发达的产物，所以有了“闽中桥梁甲天下，泉州桥梁甲闽中”之美誉。

宋元两代，以泉州为中心的航海贸易为龙头，与亚洲海域“北洋”“东洋”“西洋”实现了连接与互动，形成了东方世界的海洋经济圈。泉州成为世界上的“东方第一大港”，是中外经济政治文化交流和人民友好往来的重要门户。当时，泉州港是世界航运中心，泉州海上交通的主要航路——泉州至占城的航线：由泉州港启航，经广州、西沙群岛，顺风 20 多日可到达；

泉州至三佛齐（今印度尼西亚苏门答腊岛）、阇婆（今印度尼西亚爪哇岛或苏门答腊岛）、浡泥(今文莱)等国的航线：自泉州港启航，经西沙群岛、南行至占城，经罗斛、吉兰丹、龙牙门到达三佛齐；泉州至印度及阿拉伯半岛的航线：泉州出发，经占城抵三佛齐，穿过马六甲海峡，沿孟加拉海岸，达故临，换小船，进入波斯湾；泉州至亚丁湾和东非弼琶罗、层拔的航线：自泉州港出海，经南海、三佛齐、故临至波斯湾，再由波斯湾沿阿拉伯海岸向西南行，即可到达弼琶罗、层拔等地区；泉州至菲律宾的航线：一条从泉州出发，经广州占城、浡泥至麻逸，一条从泉州出发，经澎湖、琉球（台湾）至麻逸；泉州至朝鲜、日本的航线：从泉州沿东海北上，经明州至高丽，然后横渡东中国海，到肥前的值嘉岛，再转航到筑前的博多；泉州至欧洲的航线：从泉州启航，经苏门答腊、斯里兰卡、巴拉巴海岸，到波斯湾的霍尔木兹登陆，经大不里士到特勒比遵德，再经伊斯坦布尔到达威尼斯。国内航行路线有泉州至澎湖、台湾，泉州至广东、浙江、江苏、山东等航线。

宋元时期，通过海路与泉州贸易的国家与地区不断增加。南宋时，常到泉州的国家有 31 个，即大食（今阿拉伯半岛上）、嘉令、麻辣、新条、甘秠、三佛齐、真腊、三泊、绿洋、登流眉、西棚、罗斛、浦甘、浡泥、阇婆、占城、目丽、木力千、宾达浓、胡麻巴洞、新洲、佛罗安、朋丰、达啰啼、达磨、波斯兰、麻逸、三屿、浦哩唤、白浦迩、高丽。宋元时期，我国的航海技术包括天文导航、地文导航、季风航海、航海气向、航海水文等都居于世界领先水平，泉州港在南宋末年已跃居全国海港第一位，到元朝则延续了宋时的发展态势，元朝政府在泉州设立海道运粮万户府，建立自泉州至杭州的海道水站接待泉州舶货和外国来使；提高泉州的政治地位，至元十五年（1278）将泉州从府治提高为福建行省的首府。至元二十一年（1284），福建并入江浙行省后，仍将泉州作为江浙行省南部的行政中心。上述措施使得泉州港的国内外交通与贸易更加繁荣，逐渐走向巅峰。

4. 历史转折：由盛转衰

明朝时的国内外形势发生了很大变化，明朝长期实行“海禁”政策；西方殖民者东来，对泉州港产生了很大的影响。

明初，统治者为了孤立盘踞在沿海岛屿上的元朝残余势力，严禁沿海人民与海外人员往来。从洪武四年（1371）起，朝廷多次下令“禁海”，禁止交通外邦；洪武二十七年（1394），甚至下令禁止民间使用“蕃货”，借以断绝外货的销路。明成祖时，更下令“禁造双桅海船”，以防止人们扬帆出海。明初严禁私人出海贸易，强调海外通商要全由官方主办。即使对官方贸易也有种种限制，只能按照固定的期限、航道和人数，运载限定数量的香药来华互市。明王朝实行的这种政策势必会影响海外交通事业的发展。

对于泉州而言，明初时虽在洪武七年（1374）就在泉州设立市舶司，但泉州被限定“仅通琉球”。虽然其他国家仍然假借琉球之名来泉互市，但这种转口贸易的做法是不利于泉州的海外通商事业的。加之明初国际形势变化，阿拉伯人退出国际贸易舞台，使得泉州失去了主要的传统贸易伙伴。泉州的海外交通航线便转向东南亚及日本，而以琉球、日本、吕宋为主要贸易对象，吕宋则作为海上贸易的中转站，使泉州与东南亚一些国家间接地保持着贸易关系。

“禁海”等于断绝了沿海人民的生路。于是沿海商、民就采取“走私”的形式以反对“禁海”。这种“走私”的民间海外贸易日益频繁，是明清两代泉州港海外交通贸易的新特点。“走私”贸易促使各地“私港”兴起，而泉州是官方法定的港口，因不能适应私商活动的需要而日趋衰落。加之，琉球贡使到福州比泉州更为近便，泉州港的地位终为福州所取代，降为一个地方性港口。

由于明朝始终坚持“海禁”之国策，官方亦逐渐退出海上贸易，对外国形势更无关心，自新航路开辟，西方殖民者东进，在明王朝“海禁”政策禁锢下的我国民间私商亦无力与西方资本主义势力相抗衡。到了近代，随着鸦片战争爆发，清政府以失败告终，于道光二十二年（1842）被迫与英国签订不平等的《南京条约》，开放包括厦门、福州在内的五处通商口岸。在外来经济扩张策略的影响下，厦门、福州逐步取代了泉州和漳州的地位。泉州港的外贸业务全由厦门港所取代，泉州水运陷入了半殖民地半封建的困境之中。在外轮开始入侵泉州港时，木帆船运输从南洋航线转向以北洋、国内沿海航线为主，即从泉州经福州、宁波、上海至青岛、天津、大连等地。光绪元年（1875），晋江安海与厦门始有小火轮航班。光绪二十四年（1898），泉州商人从台湾购回“台南”轮，航行泉州至福州的航线，客货兼运。清末，泉州港也有厦门民营轮船航行于厦门与泉州之间。

民国时期，泉州商人联合组建了八闽轮船公司，先后有“建昌”“建裕”等轮船航行于福州、宁波、上海等地；泉永轮船公司的轮船，航行于泉州至涵江、福州、上海等地；振兴、恒太、捷益、安记、永源等船务行的轮船，航行于泉州至兴化、温州、宁波、上海、烟台、天津、大连、营口等地，航运业务相当兴盛。1937年，抗日战争爆发后，福建作为对台前沿，成为对日战争的前线，港口和航运长期被封锁，与各外国口岸的通商全告中断，港口贸易大幅度萎缩。抗日战争胜利后，福建沿海封锁解除，福州、厦门、泉州等港口相继复兴。1947年，泉州南洋轮船公司的“华龙”“华德”轮航行于泉州至兴化、上海、台湾等地，丰运公司的“丰运”轮航行于泉州至上海间。另外，还有大通、晋通等多家船行，航运业务逐渐恢复，一度出现短期的繁荣。但好景不长，内战爆发，社会经济崩溃，国民党败军溃逃，许多船舶被征用、破坏和劫掠，泉州港口水运又遭到致命打击。整个泉州港对外贸易大幅衰落，甚至停港。

5. 迎来辉煌：泉州港的今日与未来

新中国成立后，福建省成立船务局，统一管理全省的港务和航政，并对福建水路运输业开展社会主义改造。受海峡两岸军事对峙的影响，福建沿海港口处于封闭状态，台湾海峡南北分隔，无法直接通航。以泉州为界，形成厦门、福州南北两个中心点的航区，仅限省内及邻省航线。1951 年，泉州港湾区经国家批准，对外国籍船舶开放。1955 年，由于军事原因，改由莆田涵江港进出。1959 年，泉州港对外关闭。

1957 年以前，泉州港口建设发展缓慢。1964 年，福建省有关部门撤销福州港千吨级海轮船不准南下的禁令，但泉州港码头装卸能力仍不能适应千吨级海运轮船靠泊需求。1964 年 9 月，省计委同意泉州后渚港修建 1000 吨级码头，提出了《关于泉州港后渚码头修建方案补充意见的报告》，但修建计划因“文革”而搁置。直至 1978 年，出入泉州港的船舶才能按正常航线航行。1977 年，后渚港 500 吨级码头安装完毕。这是泉州港第一座靠泊能力最大的码头，泉州港告别了没有正规码头的历史。

1979 年，泉州在原有基础上重建港口。这一年，后渚港被批准为外贸物资起运点，通航香港。同年 5 月，“闽海 105”号轮船自大连港至马尾港、泉州港，通过金门东海域直航厦门港，结束了福建沿海以泉州为界，往北断航 30 年的历史。

1980 年，泉州重设海关机构，并对外开放；1983 年 1 月 1 日，泉州港正式恢复对外籍船舶开放，被国务院批准为全国24个对外开放港口之一。1985年，福州港务管理局将原管辖的泉州港务管理局，下放晋江地区管理。1986年，泉州港务局实行体制改革，成立“泉州港务公司”。1996年12月，泉州港划型为大型港口。1998年6月17日，泉州港在全国率先实行“政企分设”，成立国有独资责任公司——泉州港务发展有限公司，成为从事港口经营和建设的经济实体。2006年，在原泉州港务管理局基础上，设立泉州市港口管理局（加挂泉州市航道管理局牌子），受市政府委托，行使港口、港务、港政和航政等行政管理职能。

1998年，泉州港开始科学规划，明确港口发展方向，编制完成《泉州港总体布局规划》。2004年，新修编了《泉州港总体规划》。2007年上半年，泉州港规划修编工作基本完成，以水域行政区划界线为基础，划出五个水域港界，分别为：肖厝港区、斗尾港区、泉州湾港区、深沪湾港区、围头湾港区，其中的肖厝港区、斗尾港区、泉州湾港区为中心港区（2009年8月，湄洲湾港口实行整合，肖厝港区、斗尾港区被划归湄洲湾港口管理局管辖）。

从1981年开始建设3000吨级码头泊位，到1990年投资建设10万吨级石油专用码头，泉州港开始上规模、上等级的建设。2006年10月，随着泉州市委市政府《关于“十一五”期间加快港口发展的意见》和2007年8月《泉州市亿吨大港建设整体推进工作方案》等一系列政策出台，泉州港发展迎来了新机遇。2012年，泉州港跨入亿吨大港，与世界上60多个国家和地区通航。泉州港在跨入亿吨大港行列的同时，“小三通”也取得长足进展，货运量94.99万吨，位居福建省第一。在2012年9月25日于北京钓鱼台国宾馆举行的“中国质量发展论坛”上，国家质检总局授予泉州港为中国首批54个世界卫生组织口岸核心能力达标口岸之一。为了提高港口通过能力，泉州港的部分通海航道已被打通，从此结束了中国不能接待万吨级海轮的历史，港口的条件得到明显改善。港区必备的设施已配套，建有20万平方米的仓库堆场，开通了海岸电台，形成了无线有线通讯网络。港作船舶以及各种类型起重机械相继投产使用。2021年全年，泉州辖区港口货物吞吐量突破1.5亿吨，达1.57亿吨。

今日的泉州港已然成为福建省原油进口和成品油出口重要基地，是泉州市建材、陶瓷、鞋帽、服装、食盐内外贸出口，以及石油、钢材、煤炭、食糖、化肥、荒料、酒类等进口的重要集散中心。泉州内外贸经济的发展，促进了海内外经济、文化、人文交流，为泉州建成现代化工贸港口经旅游城市奠定了重要基础。

今日的泉州港正以崭新的姿态迎接新时代的召唤，从泉州港出发的中国船，带着历史晦暗或光辉的印记，驶向更加广阔的海洋，前方是更加辉煌壮阔的前景，扑面而来的海与风，正是“海上丝绸之路”复兴最理想的映衬。

（王炜炜）

东方始发港——宁波港

宁波地处东南沿海，位于中国大陆海岸线中段，长江三角洲南翼，是个典型的江南水乡兼海港城市。宁波不但是世界第四大港口城市，还是大运河南端出海口、“海上丝绸之路”东方始发港。宁波市最具代表性的宁波港被国际港航界权威杂志——英国《集装箱国际》评为“世界五佳港口”。2015 年 9 月，宁波舟山港正式挂牌，从此踏上一体化发展之路。

中国水运发展的历史源远流长。早在新石器时代，先民们就用独木舟和排筏—— 一种用杉木或毛竹编排成的筏在江海河湖开始渔猎生涯。而余姚河姆渡出土的木桨，用7000年的光阴痕迹印证了这一点。

纵观中国港口史，在漫长的岁月里也曾有过辉煌的篇章。先秦时期，港口分布极广，在一张绘制的先秦港口分布地图上，赫然有“句章”（即宁波）两字。春秋战国时期，战争频繁，水运因其快捷便利之故，便成为军事运输的首选。为了在战争中取得主动权，各国对航道的开凿、港口的建设都非常重视。如楚国为了争霸中原，在长江中游开凿扬水运河，郢都、泽口是这条航线上的主要港口；吴国也在太湖流域开挖胥溪，在长江北界开挖邗沟，姑苏、邗城是这条航线上的主要港口；燕国东部渤海沿岸就有港口名“碣石”，即今天的秦皇岛港。汉代的广州港及徐闻、合浦港，已与国外有很频繁的海上商贸活动。隋唐时期，扬州港因地理位置的优势，成为南北物资集散中心和著名的国际商港，这一时期，政府重视漕运，疏通了南粮北调所需的网道——大运河，当时漕运转换中枢是洛阳港。而广州港则是中国古代“海上丝绸之路”的起点之一，在那个时期，“广州通海夷道”是世界上最长的远洋航线。

宁波也是中国古代“海上丝绸之路”的起点之一，1976年，在鄞县（今鄞州区）云龙镇甲村石秃山出土了一件战国时期的羽人竞渡纹铜钺。此器身一面素面无纹，另一面铸有一边框，框内上方为龙纹，双龙昂首相向，前肢弯曲，尾向内卷；下部以弧形边框线为舟，上坐四人成一排，四人皆头戴高高的羽毛冠，双手持桨作奋力划船状，羽冠的羽毛似乎迎风飘扬。这是宁波“海上丝绸之路”的标志性文物。

到了宋代，明州（即宁波）与广州、泉州、杭州被称为“四大海港”。

港口，作为水路与陆地的一个重要联结标志，既是远行的起点，又是旅程的终点，承载着梦想与归宿的别样含义。人类从陆地走向水域，是为了寻找更广阔的生存空间，更是一座城市的文明从萌芽到茁壮成长必不可少的土壤。

有着 1100 多年建城史的宁波，它的发展历程与港口的兴衰密切相关。“书藏古今，港通天下”，这不只是一座城市自信的宣言，大量的考古发现与文献资料证实，宁波自唐宋以来就是一个国际性的港口城市。这里不仅是外国来使与贸易商团主要登陆口岸和出海通道，还是从浙东运河通往中原的航道。这些功能和作用注定了宁波港在中国港口史上必会留下自己浓墨重彩的一笔。

从远古的河姆渡到现代化的宁波舟山港，中间跨越 7000 年，这不仅仅是时间跨度，更是空间与文化、文明的跨度。宁波港是中国最古老的港口，也是最年轻的港口，在岁月的长河里几经沉浮，在千年的轮回里显示出着极强的生命力。

1. 溯源访古：从河姆渡先民的木桨到句章古港

在远古时代，先民们为了生活便利，喜欢找水草丰美之地居住。他们钻木取火，用石锛、石凿等原始工具打猎捕鱼，日出而作，日落而息。先民们生产与日常生活的交通工具就是舟楫，在《易经 · 系辞》里就有“刳木为舟，剡木为楫”的记载。

有船只就需要停泊的地方，随着捕鱼和原始运输活动的开展，对港口的需求也应运而生，先民们就会有意识去选择天然的港湾来停泊，慢慢形成了港口的雏形。

这并非想象的场景，而是有据可寻的。在 1973 年和 1977 年的发掘中，中国已发现的最早的新石器时期文化遗址之一的余姚河姆渡遗址，出土了大量文物，其中木桨就有 8 支——用原木制作，细长扁平，做工精细，样式跟现在的木桨差不多，只是形体稍微小一些。另有一些海生动物遗骨，它们像一条条线索，为后人留下走近和了解远古先民生活的指引。这些几千年前的物件告诉我们，当时人们的捕捞范围不只是在附近水域，还有近海海面，他们已经开启了最早的航海活动。

随着独木舟的广泛使用，河姆渡文化开始向四周辐射式传播，逐渐东进，最后跨海东渡，到达了舟山群岛，在那里留下众多遗址。当然，河姆渡文化传播和影响的范围不只是这些区域，长江以南广大地区的古代文化都受到不同程度的影响。

沧海桑田，千年光阴也不过是弹指间。到了春秋战国时期，随着浙东地区经济的开发和技术的进步，甬江流域出现了最早的港口，那就是句章古港。

说到句章古港，就要提到历史上有名的“卧薪尝胆”典故。那是公元前 494 年，吴国攻打越国，越国战败，勾践被俘。3 年后，吴王夫差放勾践回国，越国成为吴国的属国。为了复仇，勾践一方面在国内加紧发展生产，另一方面训练士卒，打造作战用的船只。据《越绝书》记载，越人习于航海，视汪洋如平地，“水行山处，以舟为车，以楫为马，往若飘风，去则难从”。经过 10 年的“卧薪尝胆”，越国终于建立起了一支拥有 300 多只战船的水师部队，越王勾践在不动声色地等待着复仇的机会。

周敬王三十八年（前 482），正当吴王夫差率大军北上，争盟主之位时，他没有提防手下败将勾践会在他的后院放一把火，越军迅速攻入吴都，越水师自海道入淮，生生断了吴军的归路。

到了周元王三年（前 473），勾践灭吴后，向周天子呈贡，周元王赐勾践胙，并命以“伯”（诸侯之长），越王称霸。勾践为向子孙表彰灭吴封伯之功，就将原越之南方边地句余扩大而改句章，而那港口就为句章古港。

据《宝庆志》记载，句章的具体地理位置在今宁波市江北区慈城镇南15里，面江为邑，城基尚存，故相传曰城山，傍着城山渡。城山在余姚江江边，东边是三江口，西去是河姆渡，溯姚江可以直达余姚县城，顺流入甬江经镇海大浃口出海。从这里可以看出，句章是越国的通海门户，也是中国最古老的海港之一。

秦始皇统一六国后，搞了一次大规模的航海活动，他将大越地方的人民强迫迁徙到江、淮、徐、泗各地，又把全国罪犯囚徒迁到大越，并将大越更名为山阴，以防备东海外越。这一活动即为防范沿海内越逃到海岛外越之地的人图谋反攻所采取的强硬措施。

秦始皇二十五年至二十六年（前222—前221），甬江流域置句章、鄞、鄮三县，隶属于会稽郡。

西汉时期，汉武帝为了征服百越和控制海上交通线，派庄助和朱买臣等建立海上武装。闽越出兵进攻东瓯，武帝派庄助从会稽发兵航海救东瓯。西汉元鼎六年（前111）秋，东越王余善反叛朝廷，武帝派横海将军韩说率领军队，从句章乘船出海，于次年冬攻入东越。这是见诸史籍最早的一次从句章出海的大规模海上军事行动。

句章对于会稽的重要性，在《后汉书》中有记载："海贼曾旌等寇会稽，杀句章、鄞、鄮三县长，攻会稽东部都尉""诏沿海各屯兵戍。"

《三国志》中记载，吴景帝永安七年（264）四月，"魏将新附督王稚浮海入句章，略长吏及男女二百余口。将军孙越徼得一船，获三十人"。句章作为长江以南重要的港口之一，吴国已派有水军驻守。

从史籍记载来看，句章古港自周秦至六朝，基本上偏向于军用，起着一个"军港"的作用。三国、两晋时期，句章至各地的海上航路已北至渤海湾，南及台湾、海南岛、交趾。故晋人陆云称，当时处于甬江口的鄮县是"泛船长驱，一举千里，北接青徐，东洞交广"。

句章古港除了在军事上发挥了巨大的作用，对近海的贸易活动也开展得比较早。《十道四蕃志》就有鄮山"以海人持货于此，故名"。这里的"海人"，指的是岛上或居住在滨海地区的居民，他们驾着满载海产品的船只，从海口进入小浃江来到鄮廓，以交换当地生产的粮食和其他农副产品。只是后来由于秦始皇对越人南北的大迁徙，使得甬江流域的生产力遭到严重破坏，产品交换不活跃，港口自然也就冷清了。

句章古港自公元6世纪后，随着港址的迁移，渐渐被废，最终湮没在历史深处。

2. 身份转换：从句章古港到明州港

隋开皇九年（589），隋文帝结束了南北朝长期分裂的局面，改会稽郡为吴州，把鄞、鄮、余姚三县并入句章县，隶属于吴州。句章县治也从城山迁到小溪（原鄞县鄞江镇，今归属宁波市海曙区）。

小溪虽说是当时句章全境的中心地带，但处偏僻之地，水上交通需经过鄞江、奉化江才能到达甬江。跟句章相比，无论是出海还是去余姚和会稽，都没有原来那么方便。也许是基于这个考虑，句章县治虽然迁到了小溪，但港口却东迁至三江口，也就是现在的宁波城区。当然，那个时候的城区还非常荒芜，平原中心尚处于沉睡状态，所以这港口也是随着平原经济的发展一步步繁荣起来的。

港口真正进入繁荣期是在唐朝开元二十六年（738）后，那个时期，甬江流域的行政区划进行了大调整，甬江流域（包括舟山群岛）与越州分离而单独成立明州，州治始设于小溪。大历六年（771），鄮县县治从同谷（一说是小溪）迁到三江口。这标志着经历整整一个世纪后，句章古港终于完成了东迁三江口的任务。

长庆元年（821），明州州治也从小溪迁到三江口。从此，明州港进入了新的发展时期。

明州是因港建城，这就注定它的性质是一个港口城市。明州港与句章古港最大的区别在于，它从一开始就定位为贸易港，而航运业的兴盛又促进了造船业的快速发展。

大中元年（847），明州已设有两处官办造船场。一处在姚江南岸，渔浦门海运码头旁，主要以建造内河漕运船和小型战船为主，故此地被命名为战船街。另一处船场设在市舶务与江厦码头之间，它其实是直属市舶司的修造船厂，承接过往商船的修船业务。而在这之前，明州的造船业已经趋于发达，贞观二十二年（648），唐太宗“敕越州都督府及婺、洪等州造海船及双舫千一百艘”（司马光《资治通鉴》）。一次性造这么多船，可见唐朝制造海船的技术和能力。

1973 年至 1975 年，在宁波市和义路唐代海运码头旧址出土了一艘沉船，与这艘沉船同时出土的有两块刻有乾宁五年（898）六月字样的方砖。1978 年，在唐船出土点西首一带，又发现了大面积的唐代堆积地层，包括船场遗迹一处，以及木船、印有“大中二年”铭文的云鹤纹碗等越窑青瓷残器等物。从考古发掘的资料看，当时明州船场所造的船，大约为 500—1000 斛，即载重为 25 吨到 50 吨上下的海船，可乘 40 人至 60 人。

唐朝的明州港是中日两国间来往使节出入的重要

门户，相互间的贸易往来分为与日本遣唐使相关联的贸易和民间贸易两种形式。第一艘到达明州港的外国船就是日本使船，那是唐玄宗天宝十一载（752），日本孝谦朝遣唐使舶 4 艘共 220 余人，除第一艘船漂流到安南外，其他三船都在明州登岸。

从那以后，经常有日本遣唐使的船只到明州港登岸，有的进京，有的去别处。能得到朝廷召见进京的是少部分人，其他随从人员就留在明州。等待时间有长有短，少则几个月，多则一年。不过这些人也是有备而来，他们带了一些可以与当地老百姓私下交易的物品，闲着无事就做做生意。回国的时候也会带走很多中国货物到日本去卖，一来一回，就有了丰厚的收益。

到了公元 8 世纪下半叶，从明州港去日本的民间商船队伍不断壮大，来往频繁。从明州港出发去日本，横渡东海，到日本的值嘉岛，从那里再进入博多津。若顺风顺水的话，也就几个昼夜，不会超过 10 天，还是非常便捷的。

五代时，北起辽宁的安东，南至广东的海南岛，东至日本，都已通航海船。从明州港出发的商船，北上至楚州、登州，在登州与渤海航路相接。另一条路自明州港南下至温州、福州、广州，在广州与南洋航线相接。那时，明州属吴越国，有些来吴越的大食、高丽等国商舶会到明州港停泊，这就进一步扩大了明州港与外国贸易往来的范围。明州港曾向高丽出口大量越窑青瓷，大食商人带来了香药以及象、犀等物，换取锦绮与瓷器运回本国。

唐与五代时期，由明州港出口的货物主要是丝织品和越窑青瓷。唐开元到贞元的百年间，明州丝织业发展很快，能大量生产丝锦、画绢、锦布等各类丝织品，其中，明州的官营织锦坊生产的贡品吴绫和八棱绫极负盛名。

据《日中文化交流史》记载，明州赴日商船，主要是从事贸易，每次都“多赉货物”，大致是“锦绮、瓷器、香药……”最受日本贵族和富豪阶层欢迎的是中国丝绸，每次都是高价竞相购买。

越窑青瓷的大量外销，促进和带动了当地越窑青瓷生产。明州慈溪县上林湖一带出现了十几个制瓷窑场，形成了越窑青瓷生产中心。

上林湖越窑青瓷生产在鼎盛时期，仅窑场就有 150 多处，位居全国六大青瓷名窑之首。而贡窑、官窑的设立，使上林湖越窑青瓷地位空前提高，制瓷技术更因为“秘色瓷”的诞生而名震天下。

从 20 世纪 70 年代开始，国内的广州、福建，国外的北婆罗洲至印度尼西亚一带，都发现了晚唐五代的越窑瓷器。在日本的越窑青瓷就更多了。从这里可以推定，唐朝时明州越窑青瓷的外运航路是：先用内河船运到明州港，再换海船出海。据相关志书记载，这一条“海上陶瓷之路”，遍及亚洲及非洲近20个国家和地区，可见当年明州港的繁荣。

随着政治、经济、文化的区域中心向明州港转移，明州城因港而兴，成为当时东南沿海重要的港口城市。

3. 波光帆影：宋朝明州港的兴盛

明州是中国造船与航海事业的发祥地之一，到了宋朝，明州造海船的技术达到了很高的水平。作为全国造船业的一个重要基地，明州在三江口设有官营造船场，不过建造大型海船的船场则在镇海的招宝山下，这在宋时的《定海县治图》中就有记录。除了官营造船场，还有大量民营造船场。

明州造的船分为内河船（包括漕运船）和海船两大类。据相关史料记载，明州曾造过四艘500吨以上的“神舟”，其中两艘是元丰元年（1078）宋神宗遣安焘、陈睦出使高丽时所乘的船。另外两艘更大的船是宣和七年（1125）时宋徽宗下令建造的。那么，船是什么样的呢？让我们来看看：“一曰‘鼎新利涉怀远康济神舟’，二曰‘循流安逸通济神舟’，巍如山岳，浮动波上，锦帆鹢首，屈服蛟螭。”（徐兢《宣和奉使高丽图经》）它们到达高丽礼成江碧澜亭时，如史书上所记载的那样，“倾国耸观，而欢呼嘉叹也”。无论从结构还是载重方面来看，明州造的“神舟”堪称当时造船业的杰作。当然，一般的商船是那种可以搭乘 70 人左右的坚固海船，体积小、灵活。

宋代时，全国造船数量极多，据记载，宋真宗在位（998—1021）时，全国官办船场每年造漕运船为 2916 艘，其中明、婺、温、台四州合造 513 艘，这个比例还是很大的。到了哲宗元祐五年（1090）正月初四，“诏温州、明州岁造船以六百只为额”（沈冬梅、范立舟《浙江通史·宋代卷》）。

北宋很重视海外贸易，并把此利益视作国家财政收入的重要来源。为了吸引更多的外商，宋太宗雍熙四年（987），特“遣内侍八人，赍敕书、金帛，分四纲，各往海南诸蕃国，勾招进奉，博买香药、犀、牙、珍珠、龙脑”（徐松《宋会要辑稿》）。宋神宗也认为：“昔钱、刘（指南汉政权）窃据浙、广，内足自富，外足抗中国者，亦由笼海商得术也。”（《皇宋通鉴长编纪事本末》）

为此，北宋参照唐代在广州“纳舶脚，禁珍异”的征榷政策，在广州、杭州、明州之后又增加了泉州、密州板桥镇两港，这五个对外贸易港口相继设置专门管理机构“市舶司”，并制定了管理条例，以管理海外贸易和办理船舶进出口签证事宜。明州市舶司（后改称提举市舶司）的职掌与全国其他市舶司一样，即《宋史》中所记载的“掌蕃货、海舶、征榷、贸易之事，以来远人，通远物”。

作为对日本和高丽最重要的贸易港和签证港，以及去南海商船的发舶和收泊港之一的明州港，还跟阇婆（印尼爪哇）、真里富（柬埔寨）、波斯（伊朗）等国有贸易往来。国内的温州、泉州、福州等港被指定去日本和高丽两国的船只，都要到明州港办理相关手续。自明州港出发南行的船只，多数沿海岸驶向泉州、福州或广州；向北则开辟了自长江口进入江淮直至荆、襄的航运线。

自宋神宗熙宁年间（1068—1077）以后，中国与高丽两国使团均出入于明州港，少有例外，两国商船往来不绝。据郑麟趾的《高丽史》记载，在北宋末期的55年中，明州商人到高丽经营贸易的有120多次，每次少则几十人，多则100余人。有的商人后来就留在了高丽，在高丽的国都开城设清州、忠州、四店、利宾四馆，专门用来接待来自国内的商人同胞。与此同时，也有大批高丽商人来明州港做生意，即使去泉州、广州等地经商，大多也是转道明州港。

另外，明州港还与东南亚、西亚诸国互通贸易与贡使往来。为此，明州特地在市舶司西首波斯商人聚居的地方为他们设置了一个波斯馆，他们住的地方后来改名叫波斯巷，给后人留下他们曾经来过的痕迹。

到了南宋，因定都临安（杭州），杭州成了全国的政治文化中心，海外交通与对外贸易亦随之兴盛起来。这对临近的明州港而言，又是一个难得的发展机遇。

南宋朝廷期盼通过发展海外贸易来应付庞大的财政支出。为此，朝廷采取了一些积极的措施，包括：欢迎外国来宋贸易的商人，给予他们热情的接待；鼓励本国商人出洋贸易和引进外国商舶。同时，对市舶官员抽买成绩突出者，实行“舶务监官抽买乳香，每及一百万两，转一官”（脱脱、阿鲁图《宋史·食货志》）的奖励办法。

经过一系列有关海外贸易政策的刺激，与中国通商的就有 50 多个亚非国家和地区。有着明显优势的明州港不但是全国四大重要港口之一，还是拱卫京师的海防要塞。《开庆四明续志》里就有这样的记载：“（明）州濒于海……商舶之往来于日本、高丽，虏舟之出没于山东、淮北，撑表拓里，此为重镇。”这里说的虏舟指的是金军。

南宋时，明州港的造船技术更加成熟。这从 1979 年在宁波市区东门口交邮大楼工地发现的一艘重约 30 吨的宋代海船上可以得到佐证。根据有关部门和专家的研究论证及复原后，证明该船无论在船型、结构，还是造船工艺方面的技术成就，都已达到当时世界造船技术的顶峰，此船的一些先进技术比国外要早六七百年。

4. 海纳百川：元代庆元港的繁荣

元世祖至元十三年（1276），元军占领定海（今镇海）与明州城，明州府改为庆元府，明州港改称为庆元港。

元代执行了比南宋更为开放的对外政策，以一种“海纳百川”的姿态来面对海外贸易，不但允许外国人“往来互市，各从所欲”，而且各地市舶司“每岁招集舶商（本国商人），于蕃邦博易珠翠、香货等物。及次年回帆，依例抽解，然后听其货卖”。（宋濂、王祎《元史·食货二》）由于元朝统治者在税收和进出境上都给予这些外来者很优厚的待遇，所以元朝的海外贸易和国际交往比宋代更为繁盛。

庆元港在元朝的对外关系史上占有很重要的地位，它包办了元朝对日本和朝鲜的海外贸易。凡是日本商船到元朝来贸易，都要到庆元港寄泊。元朝的僧人去日本或日本的僧人来元朝，也多从这里启程或登陆。

元朝的庆元港除是全国三大外贸港口之一外，又重新被贴上重要军事港口的标签。元朝统治期间，有三次大的海上远征行动，其中两次跟庆元港有关。一次是元世祖至元十九年（1282），元军去攻打日本，途中遇到台风，天公不作美，只好掉转船头，回到了庆元港。还有一次，元军分两路东征日本，一路由高丽建造了900余艘战船，从朝鲜半岛出发；另一路由江南建造战船3500余艘，从庆元港出发。《元史》中记载："至元二十九年（1292）九月，征爪哇；会军庆元，登舟渡海。"这次远征共动用福建、江西、湖广三省2万兵力，1000艘战船。想象那战旗猎猎，部队在庆元港整装待发的场景，即使隔着那么遥远的时光，还是能感受到那逼人的气势。

在航线上，元代的庆元港与宋代相比有所开拓，但变化不大，特别是国际航线，基本上沿用南宋的航路。国内航线方面，随着全国的统一和海运漕粮的创设，庆元港与中国北部沿海港口的贸易运输逐渐得到了恢复和发展。不过庆元港的海漕运输规模并不大，运量在全国海漕总量中只占了很小的份额，其意义在于通过海道运粮，使原先已断航多年的北路航线得到恢复，为后来南北商业船帮的最终形成奠定了基础。

总体来说，元朝的商业贸易环境还是比较宽松的，所以海外贸易很活跃，庆元港的繁荣也带动了码头、仓场、造船、航海等多方面的发展。

5. 寒风萧瑟：明朝宁波港的式微

明朝建立后，庆元港改名为“宁波港”。

明太祖朱元璋对海外贸易采取十分严格的控制措施，推行严厉的“海禁”政策。除政府自身与海外某些国家建立的“朝贡”关系外，对于私人与其他国家的海上贸易一概严格禁止。即使是“朝贡贸易”也有一定的限制。此项政策从开国到隆庆改元，时间长达 200 年，这对宁波港来说影响非常大。

朱元璋为何要这么做？有两个原因。一是他在消灭方国珍、张士诚带领的农民起义队伍过程中，有不少敌人逃到沿海岛屿或海外，这让明太祖很不安，怕“野火烧不尽，春风吹又生”，动摇他的统治地位。第二是“倭寇之患”。在明初，“倭患”就已经很严重了，山东、广东等沿海地区经常受到骚扰和劫掠。倭寇的成员组成也很复杂，除日本人之外，还有一部分是因各种原因“下海”的中国人。为此，朝廷建立了严密的“巡检”制度。

到了嘉靖年间（1522—1566），“倭患”严重的宁波沿海地区，一度连捕鱼的船只也禁止下海，可见“海禁”的严厉程度。

由于长期的“海禁”，合法的民间贸易不复存在，更谈不上发展了。全国对“朝贡”国家开放的港口只有三个，那就是“宁波通日本，泉州通琉球，广州通占城、暹罗、西洋诸国”(《明史·食货五》)。宁波港被指定为接待日本“贡船”的唯一港口。

明代的朝贡贸易又叫勘合贸易，具体说就是海外的“藩属国”向明朝“进贡”方物，而明朝则根据进贡之物的价值给予“赏赐”。这里面除外交上的政治因素外，其实还有一种隐形的商业关系。

那么“藩属国”是不是想进贡什么就进贡什么呢?事实并非如此。对那些前来朝贡的国家，明朝廷规定了朝贡的期限、路线，在哪个港口停泊，还规定了“贡使”居住和停留的地点、“贡船”的只数及随从的人数以及贡物的品类。

勘合贸易的贡物，根据属性，又分为进贡方物、使臣自进物和国王附搭品三种。船到宁波港后，日本使节及其随从就会从宁波四明驿起程，乘船沿杭甬运河溯余姚江经余姚、上虞、绍兴、萧山等地到杭州，再从大运河经过嘉兴、苏州、常州到达镇江。横渡长江后，从扬州再入大运河，前往北京，向明朝廷呈献方物。

所以按勘合制度，这日本“贡船”一年或两年，甚至好几年才来一次，可以想象，宁波港在宋元时代，曾经帆樯如林的盛景不再，空荡荡的港口只剩下浪潮寂寞的拍打声。

明朝初年，民间的海外贸易活动由于政府的严格禁止而濒临绝迹。到了明朝中期正统至正德年间，民间海外贸易迅速发展起来。

有需要就有市场，一边是“朝贡贸易”在逐步衰落,另一边海外各国的“私舶”却在中国沿海不断增加。宁波也不例外，沿海民间“非法”的海外贸易也已经发展到了相当大的规模。那些走私贸易船都集结在舟山群岛六横岛与佛渡岛之间的双屿港，那里常年有中外商人1万余人，停靠的船只1000余艘，是当时重要的走私贸易港。

直到嘉靖二十六年（1547），由于双屿港走私规模越来越大，再加上盘踞在六横岛上的葡人、倭寇和海盗不时劫掠浙东沿海地方，明朝廷命令浙江巡抚朱纨发兵进攻双屿港。经过几番激战，最后官军用木石筑塞了双屿港的南北水口，彻底把这个走私基地给毁掉了。从此，再也没有大规模的有组织的武装走私活动了。

隆庆元年（1567），明朝廷为了增加财政收入，正式宣布开“海禁”，允许民间进行海外贸易。不过这是一种有限制的开放，限制方法是实行“引票”制。就是商人进行海外贸易活动时，无论是个人还是团体，都必须领取“引票”作为凭证。“引票”上写着经商者的名字、籍贯及要去的地方。如果没有“引票”却进行贸易，那就是非法活动，被抓到就要受到处理。在开放的同时，又制定了商税制度，税率很高，中国商船需征税 25% 左右，外国商船征税 45%，远高于元朝的 13% 和 25%，这一系列政策让明朝的海外贸易无法跟宋元时代相比。

一度沉寂的宁波港在“海禁”开放后，海外贸易开始复苏，但直接的对外贸易占的比重很小。由于在嘉靖二年（1523）发生了“争贡事件”，明朝廷中止了中日间的官方贸易，还把市舶司给罢废了，使得宁波港唯一对日贸易港地位丧失，很长一段时间没有什么正常的贸易运输活动。

“海禁”开放后，由于害怕“倭患”等其他因素，对日贸易还是没有恢复。万历年间（1573—1620），在宁波就有“郡禁不得与倭夷互市，且悬赏格捕下海者”的禁令。虽然海外贸易不多，但宁波港凭借着优越的地理位置，很快成为中国南北货物转运枢纽，自元代以来就有的“南北”商号又重新发展起来了。这些商业船帮实力都比较强，在宁波港的贸易运输中占了主导地位。只是再怎么样，被种种禁锢的宁波港也难以恢复曾经的繁荣了。

6. 一时盛景：鸦片战争前宁波港的发展

明崇祯十七年 (1644)，也是清世祖顺治元年，清朝定都北京。

为了巩固自己的统治地位，清廷对张煌言、张名振奉明鲁王之名而盘踞宁波舟山的抗清复明力量斩草除根，不但把舟山岛上居民送过海至大陆，让舟山成为一片荒凉之地，还下了极其严厉的命令，严禁商民下海交易，若有违反者，不管是官还是民，一律处斩。货物被没收，犯罪者的家产还被全部赏给举报的人，对地方官员还要革职、从重治罪。地方保甲如果不提前告发，也一样要处死。

顺治十八年(1661),清廷又下了“迁界令”,规定苏、浙、闽、粤边海居民一律内迁 30 里，并筑边墙为界。界外庐舍夷为废墟，膏腴弃为荒地。所有沿海船只全部烧毁。

一声令下，浙江省的宁波、台州、温州三府沿海居民只有奉命内迁 30 里。康熙二年（ 1663)，在宁波府所属各县的沿海地方，钉定界桩，再申禁令，不许一艘商舟、渔舟下海。对外国商船则是“非系朝贡，概不准其贸易”。

在这么严苛的禁令下，宁波港又一次成为寂寞的空港。

这种状况一直持续到康熙二十二年（1683），清军攻克台湾后，郑克塽降清，全国统一。次年十月，清廷颁布了“展海令”，宁波沿海和舟山群岛上被迫迁走的居民总算又重新回到故地，虽允许他们从事渔业生产，不过出海贸易仍被禁止。

康熙二十三年（1684），开海禁时，日本锁国，严禁其本国船只出国，对外开放的港口仅限于长崎一港。刚开始，日本对中国商船的数量和贸易额都未加限制，于是前往日本的中国商船一年比一年多。康熙二十七年（1688）去的船最多，达到194艘，其中宁波港去的商船有37艘（普陀占5艘）。

宁波正式设浙海关的时间是康熙二十四年（1685），行署在府治南董庙的西边。关口设在甬东七图，所有商船往来均要在此验税。

康熙三十七年（1698），清政府在宁波和定海分别设立浙海关分关。这样方便了外国商船，既可以在定海验税，也可以在府治宁波验税交易。同年，还在定海县城外道头街西新建红毛馆一处，为外国商人及船员馆宿之地。

康熙二十八年（1689），日本为防止金银外流，实施“割符仕法”（也叫信牌），对中国船的总贸易额和船只进行了限定，并规定期限与起锚地点。从那以后，宁波港每年去日本的商船为春船7艘（其中普陀2艘），夏船 5 艘（其中普陀 1 艘），秋船 1 艘，一共 13 艘。

康熙五十四年（1715），日本修改对外贸易法，限定去日的中国商船为 30 艘。其中宁波、南京、福建三地合为 20 艘。道光十年（1830），对日贸易仅限于宁波一港，船只也减少为 10 艘。

与港口贸易同步的还有宁波地区的农业、渔业和盐业，在开禁后逐步得到复苏。这其中，渔业发展得最好，在经济上所起的作用也非常巨大。据文献记载：“自海禁既弛，鱼盐蜃蛤之利遍被他郡。其入过于力田。”

有专门的鱼贩将在舟山、鄞县、镇海、象山和奉化等地收来的渔货一半销到杭州、上海等地，一半运到宁波销售或加工成腌鱼或鱼干。四面八方来做生意的商人集聚在镇海口招宝山下沿塘一带，把这些货运销到长江中下游的各个城市，甚至远销广东。

随着渔业生产的发展，用于鱼产品保鲜的贮冰业也应运而生。“甬东滨东之民藏冰为业，谓之冰厂；初夏凿取，以佐海鱼行远。”（成书于清代的宁波乡土文献著作《四明谈助》）甬江边上的农民把贮冰作为一项重要的副业。

宁波地区最重要的经济作物是棉花，棉花的栽培技术于元时传入余姚，据南宋嘉泰《会稽志》记载：“姚邑北乡沿海百四十皆植木棉（即棉花），每至秋收，贾集如云，东通闽粤，西连吴楚，其岁息以万计。”

在清代，宁波地区的盐田主要集中在穿山半岛以南、象山港北侧的鄞县、咸祥、大嵩一带。海禁的开放，也使萎缩的渔业得到刺激，盐产量大大增加。

这些棉花、水产和食盐等大部分通过宁波港运销到全国各地。粮食方面，由于增长速度一直跟不上人口的繁衍速度，所以不足的粮食份额，则由外地运入宁波，故当时的宁波港又有“鱼盐粮食码头”之称。

依赖于海上贸易，各种各样的商行应运而生。最典型的是药材行的贸易，宁波是当时国内药材交易中心之一，全国有名的大药号也都在宁波坐庄办货。地方商业网，由城市、市镇和集市三级构成。宁波是中心，大行业、商帮、钱庄、各类商店都集中在这里。

这里还要提一下银钱业，这是宁波海上贸易发展的产物。府城内有影响的钱庄大都开设于乾隆十五年（1750）前后，并且首创过账制度。过账的意思就是“彼此输纳辄委钱庄转移，而不以钱币授受，仅登簿以了结其收付”。“市中交易，诸路皆用银钱，惟宁波凭计簿。日书其入之数，夜持簿向银肆汇录之，次日互对，谓之过账。”“甬上商贾，凡款项往来……即住家或个人购货付值，亦以过账行之，故甬埠俗称过账码头。”

钱庄的另一个业务是存放，股东与负责人都是拥有巨资而信用卓著者。在鸦片战争前夕，宁波钱庄的大同行（本金在6万元以上），通过小同行（本金在6

万元以下)、现兑庄、当铺、提庄、拆衣庄等，形成一个以经营货币为主要对象的银钱业体系，控制了整个宁波的市场经济。

随着商业区的兴盛，作为宁波水运中心的江厦一带也成为宁波最繁华的中心地带。“三江水合夹灵桥，形势无如此地饶，九十九龙蟠岸北，一龙翔处半乘潮。”(李邺嗣《鄮东竹枝词》，诗后备注：江北岸有九十九埠，其一埠半入于江)这里的“江北岸”，指的就是灵桥附近的江厦一带。闭上眼，想象一埠半入于江的气势，果真是“走遍天下，不如宁波江厦”。当然，这一切都是在鸦片战争之前的盛景。

7. 近代波澜：宁波港的遭遇

清道光二十年(1840)，鸦片战争爆发。

同年7月5日，英国侵略军入侵定海。道光二十一年(1841)10月10日陷镇海，10月13日侵占宁波。

那是一场深重的劫难，侵略军抢劫、掠夺、勒索财物无数，甚至还想烧毁整个宁波城。

道光二十二年(1842)，清政府屈服于英国侵略军的武力，签订了丧权辱国的《南京条约》。次年又签订了《五口通商章程》。自此，宁波港作为第一批条约口岸，被迫向西方列强开放。

道光二十四年（1844）一月一日，作为“条约口岸”的宁波港正式开埠。

与此同时，英国首先设立领事署，在江北岸杨家巷租赁民房为馆址。罗伯聃为首任宁波领事。法国也派领事 1 人，在宁波设立领事署。紧接着美国也委派领事来宁波。同治三年（1864）以后，英国领事馆还兼管了奥匈帝国在宁波的事务。

宁波港开埠之初，英、法、美、德、俄，还有西班牙、葡萄牙、瑞典、挪威、荷兰等国前来宁波参与贸易。“五港开辟之后，其英商（包括其他外商）贸易处所，只准在五港口，不准赴他处港口。也不准华民在他处港口串通私相贸易”，这是当时的规定。

为了控制宁波港的对外贸易和经济命脉，英国和西方各国在宁波建立各自的据点，强行圈划一大片土地，作为“外国人居留地”。他们获得了治外法权，实施自己的行政、军警、司法等制度，成为超越中国主权的国中之国并控制宁波港成为经济侵略的基地。

咸丰四年（1854），宁波港出现了中国近代引进的第一艘轮船——“宝顺”号，标志着宁波港作为单纯帆船港时代的结束，开始了轮船兼作帆船港的时代，这一步具有重要的历史意义。

在最初的十多年时间中，宁波港名义上还是归清政府设在宁波的浙海关管理。咸丰十一年（1861）五月二十二日，清政府在宁波江北岸设立税务司，专征国际贸易之税。第一任宁波海关税务司是英人华为士，江东旧有之关改为常关。海关税务司的设置使海关监督署形同虚设，宁波海关的行政权、税收权，名为中国政府所有，实际上几乎完全落入外国人之手，这也是宁波港半殖民地化的开始。

从道光二十年（1840）到同治十三年（1874），西方列强在宁波取得了越来越多的特权。

《烟台条约》规定，华商亦可请领半税单，并于光绪六年（1880）开始明令施行。这样一来，洋货厘金税率降低，华商土货贸易的税负增加。

光绪二十一年（1895），中日《马关条约》签订。此条约的签订，标志着帝国主义的对华经济侵略从商品输出扩大到资本输出。

《马关条约》第六条规定："日本臣民得在中国通商口岸、城邑，任便从事各项工艺制造；又得将各项机器任便装运进口，只交所订进口税。"日本在华从事各项工艺制造的一切货物，在中国所纳"内地运送税、内地税、钞课、杂派以及在中国内地沾及寄存栈房之益，即照日本臣民运入中国之货物一体办理"。

就这样，中国通商口岸经营加工制造业的特权落在了日本以及其他帝国主义国家手上。

在中国近代史上，由于主权不完整，乃至主权的完全丧失，对宁波港在近代100多年中的发展演变产生了极为严重的影响，导致宁波港在全国的地位下降。

宣统三年（1911），辛亥革命的枪声结束了中国数千年的封建帝制。1912年，中华民国建立，颁布了一系列鼓励发展中国资本主义的法令，实业团体纷纷涌现。

1914年，第一次世界大战爆发，西方的民用工业大量转为军工生产，从事远洋贸易的轮船被大批调回，帝国主义对华商品输出的总额大幅下降。

从1914年到1920年，中国国内反袁斗争、抵制日货、五四运动等连续不断。在这个特殊的历史时期，宁波港的贸易输入洋货额陷入停滞不前的状态，棉纱、煤油等日本货却乘虚而入。特别是海产品的输入，令人震惊。因为当时的宁波已是世界上最大的产鱼中心之一，鱼产品一向能对外输出。而日本鱼产品居然能打入宁波市场，可见他们想占领中国市场的野心之大。

1918年，第一次世界大战结束。

两年后，西方列强再次大举进入中国。1929年，资本主义世界爆发了持续 5 年之久的特大经济危机，世界银价惨跌，外汇兑率（海关两对美元）从 1928 年的 1：0.71 跌到 1931 年的 1：0.34。于是西方列强就向中国倾销洋货，转嫁危机。国内外政治、经济因素的变动，从各个方面影响着宁波港前进的步履。

这一时期，唯一有突破发展的是宁波港的轮船业和中、小轮船公司。此外，内河的汽船数量增长也很快。轮船和汽船的发展让帆船的生存空间越来越小，帆船运输一落千丈。

截至 1936 年，宁波本地（不包括从事于宁波航运的外地轮船公司）的轮船和汽船航运企业，由原来的约 16 家，猛增到 48 家。在这 48 家企业中，经营外海航线的有 20 家，其余为经营内港和内河的轮船或汽船公司。

从整个宁波港的航运业发展来看，最早发展的是外海轮船，再是内江轮船、内河轮船。从帆船一下子到千吨级大轮船，这种跳跃跟外部经济和外来科学、文化、技术的影响是分不开的，也从另一个侧面体现出宁波航运界商人独到的目光和远见。

鸦片战争以后，各条约口岸的海关税务全部由外国人把持，所以名义上海关是中国政府的机构，实际上被外国人牢牢掌控了实权。海关是港口事实上的最高管理机构，宁波海关中的洋人利用手中之权把港口引水权紧紧抓在自己手上，在1919年以前，宁波港没有一个中国人担任引水员。五四运动以后，在反帝爱国声浪中，宁波港才开始有华人担任引水员。

近代宁波港以收回“白水权”的斗争最为著名，这场斗争从1899年开始，一直延续到1933年，历时30余年。

何为“白水权”？实际上涉及的是宁波港岸线和岸线管理的主权。鸦片战争以后，外国人在江北岸一带建筑教堂、住宅、码头，设置趸船（这些皆由海关指定地点）。咸丰八年（1858）十月，《通商章程善后条约》规定“判定口界，派人指泊船只及分设浮椿、号船、塔表、望楼等事，毋庸英官指荐干预”，并声明“无论何国皆依章一律办理”。到了光绪二十五年（1899），工程局拟将江北岸一带辟作公路，法国天主堂以将沿河基地让出2英尺为理由，强行要求将新江桥堍至宁绍码头止一段岸线及水面出租收益作为代价，并且在契约上注明“江心为界、潮落为界”等字样。这就是“白水权”的由来。

法国天主堂窃取“白水权”后，对中国的航运船舶横征暴敛，引起极大民愤。五四运动以后，宁波市政府想收回“白水权”，将岸线收归公有再租给各轮船公司，以租金作为拓宽江北岸马路的建设经费，并于1927年8月到9月间制订了整理岸线方案，转告各国领事，遭到英、法领事的反对，几经交涉都没有用。

这是一个漫长的过程，经过多次交涉，同时得到各轮船公司的大力支持，配合政府填报使用岸线契约单，解除与原出租人的租约，多次召集各轮船公司开会商讨停付原租金、转移押租等具体办法，最后还通过外交部等的努力，费尽周章，终于在1933年8月收回了被外国人强行霸占了30多年的“白水权”。也正因为失去了这么多年的“白水权”，使得宁波港的岸线和码头等公共设施的建设因资金缺乏，一直得不到妥善的改造。

1937年，抗日战争爆发。同年11月和12月，上海、杭州相继沦陷。宁波港因地理位置的缘故，在1941年4月宁波沦陷前的3年多时间里，突然有了畸形的繁荣。

当时，由于上海及北方大片领土沦陷，宁波港与长江中上游及南部大后方的正常经济交往渠道被战争隔断，沦陷区和大后方的联系，主要依靠上海港与宁波港的交通。宁波港的腹地一时扩张到华中、华南、西南等广大地区。

炮火纷飞的时代背景，注定了宁波港与上海港之间的港口运输不得不以特殊的方式来冲破敌人的封锁和政府的禁令。

1940 年前后，宁波港的货物日吞量最高达到 3 万吨，是战前最高水平的 6 倍左右。从码头、航道、船舶到仓场等，都处于一种超负荷运转状态。

随着上海和杭州失守，沪宁线、沪杭线、浙赣线相继中断，刚刚建成的萧甬线也为了防止沦陷后被日军利用而全线拆毁。长江航运陷于停滞，沿海各主要口岸一一陷入敌手，只有宁波港幸免于难，似乎是一夜间，宁波港的地位大大提升。

为了免遭日军的扣留、稽查，从上海偷运到宁波的船只都挂外国（美、英、德、意等）船旗。宁波帮航运船只也一样，如宁绍公司的“新宁绍”改为德商礼和洋行的“谋福”号；三北轮船公司的“宁兴”号改为中意轮船公司的“德平”号等。这也是为了保存实力不得不采取的策略。

同时，那个时期宁波港口和港口转运贸易的畸形繁荣，跟官方与民间的偷运和走私是分不开的。这偷运和走私的物资不是中方禁止的，就是日方禁止的，情况很复杂。

宁波港的走私大致可分为夹带走私、邮汇走私、偷运走私、武装走私和冒名走私等五种方式。根据公开的各种资料来看，民间偷运走私情况虽严重，但其实最大的走私活动是由官方进行的。那些从内地各省持有特别护照的各军军官和军事机关的代表，到宁波后坐船前往上海办货，他们身上往往带有巨额现金，用于购买棉布、汽车、汽车配件、西药等这些后方极其紧缺的物资。

抗战爆发后，国民政府为了“防止敌舰入侵计”，征用全国各轮船公司的轮船、趸船沉塞港口航道，以阻止日军从沿海港口和长江航道入侵。上海失守后，日军又派飞机、军舰多次骚扰、进攻镇海和宁波。宁波城防司令部奉命将招商局“新江天”轮（3640 总吨）沉入甬江口，以防日军进攻宁波。

1938 年，城防司令部又下令在甬江镇海入口处打了一道梅花桩，作为第一道防线。后因轮船无法进口，又开了一个能容 1000 吨以下轮船出入的口子。1939 年，18 艘装满石子的大小船只沉于镇海招宝山到小金鸡山一带，作为第二道防线。1940 年，日本海军封锁镇海口外海面。城防司令部再次将 2 艘 1000 吨以上大船沉于镇海拗甏港转弯处，作为第三道防线。这样,先后有 21 艘共 2 万余吨大小船只被沉入甬江航道，宁波港封港。虽然航道中还留有一个狭窄的通道，但一般商船无法进入港内，只能在镇海口外进行装卸作业，靠驳船或小轮船往返于镇海口外与港口驳运旅客及货物。

封锁的港口并不能阻止日军对宁波的侵略，1940

年7月16日，20余艘日舰在30余架飞机的配合下，大举进犯镇海，占领了镇海城乡及江南江北的小港、俞范等地。在中国守军的抵抗下，日军不久后退出镇海。1941年4月19日，日军还是占领了宁波。

日军占领宁波后，宁波港所有正常贸易全部停止，江面上除日军军舰在耀武扬威外，再也见不到其他的船只了。整个港口、码头、航道全部控制于日本海军特务部之手。

在4年多的沦陷时间里，宁波暗无天日。到抗战结束，整个宁波港没有一条像样的船只，原来各轮船公司建造的码头、仓库等设施被破坏得面目全非。

抗战胜利后，宁波港航业的恢复相对来说是比较快的，港口经济也得到了部分恢复。可惜好景不长，内战爆发，宁波港口经济走向全面崩溃。

同时，宁波港的航政管理一片混乱，海损事故频频发生，其中最严重的是发生于1948年12月的“江亚轮”大惨案，遇难旅客船员达3000余人。

“江亚轮”是当时沪甬线上航行的最大的定期客货班轮，额定的最大载容量为2250人，旅客中90%是宁波人。1948年12月3日16时，载着4000多人，严重超员的“江亚轮”从上海十六铺码头起锚赴甬。18时45分，轮船抵吴淞口外横沙西南的龙港洋面水道，船身后部突然发生爆炸，转眼间，船尾渐沉，全船除900

人幸免于难外，其余全部死难，造成世界现代航运史上罕见的大惨案。

很多年后，人们才知道真相，原来，“江亚轮”是被国民党上海海军航空兵的轰炸机上一枚脱钩坠落的重磅炸弹给炸沉的。

1949 年 5 月，宁波解放前夕，国民党军队全线从宁波撤退。撤退前，宁波港的码头、船舶、设施又一次遭受严重的破坏和劫持，港内的外海船只几乎都被劫往定海。同时被劫的还有浮码头、木浮桥等设施。

到宁波解放时，宁波港内只有 1 艘破旧不堪的浙东轮（400 吨）和 4 艘从宁波行驶至镇海、余姚间的小轮船。

8. 潮起潮落：宁波港的新生与腾飞

1949 年 5 月，宁波解放。

同年 6 月 13 日，宁波市军事管制委员会向招商局轮船公司宁波分公司派驻军代表，同时组织接管招商局宁波分公司，清理和筹备宁波港的复航工作。6 月 26 日，宁波市军管会财经部又接收了国民党交通部上海航政局宁波办事处。7 月 28 日，将之更名为“宁波市军事管制委员会财经部交通处航政办事处”。12 月

24日，浙江省航务管理局成立，宁波市军管会航政办事处划归省航务管理局领导，同时更名为“浙江省航务管理局宁波办事处”。

解放初的宁波港百废待兴，形势严峻。一方面，要以最快速度恢复港口功能，为这座城市的民众提供日常的生活必需品和各行各业恢复生产所需的原材料和动力（燃料）；另一方面，港口可供运输的船只寥寥无几。另外，由于此时舟山没有解放，宁波还时不时会受到国民党军队海空袭击。据统计，仅1949年5月至1950年6月的一年间，行驶于宁波港的客货轮，被炸沉的就有11艘。直到1959年5月，舟山沈家门解放，宁波港才解除了遭受国民党军队袭击的威胁。

舟山解放后，宁波港损坏和散失的船舶，经过修理和组建后相继投入运营。沿海航线逐一恢复，市场的商品流通和物资供应状况也得到很大的改善。宁波的私营轮船业在人民政府的扶持下也相继复业。

就这样，伤痕累累的宁波港踏上了浴火重生之路。

1953年1月1日，宁波港务分局成立。这是新中国成立后，统一管理宁波港一切港务事宜的正式机构。港务局的成立，结束了港口管理多头领导、各自为政的局面。

打捞沉船、疏浚航道、重建港埠设施、恢复和新辟航线等，经过短短几年时间的发奋图强，宁波港旧貌换新颜，客货运量已有了较大幅度的增长。

1954年以后，私营轮船业相继走上公私合营之路。到1956年，中国社会主义改造工作基本结束，宁波港的私营轮船业也随之消失。

从宁波港的发展史看，1949年5月至1956年年底，是宁波港的一个重大的转折时期。“大跃进”开始，宁波港又面临了新的考验。在全国性的“大办钢铁”“大办粮食”的大背景下，宁波港的货运量急剧增长，特别是煤炭和矿建材料上升幅度最大，对港口的压力也越来越大。1957年9月20日，宁波港务分局经报上海海运管理局批准，在中白沙路沿江段新辟水铁联运码头。同时，杭甬铁路的修筑工程也同步进行。

随着“大跃进”的高潮来临，有些企事业单位为了适应这一新形势，加快本系统的物资流转，纷纷建造自己的专用码头。到1960年4月，新建各类专用码头9座。这9座泊位总长计174.24米，比同时期宁波港务局建造的白沙联运1号、2号泊位还长77.89米，对缓解宁波港当时的货运压力起到了一定的积极作用。

纵观这一时期的宁波港货运码头的建设特点，一是快，二是小，三是简便，非常符合当时“全民办交通”的特点。1960 年 5 月 1 日，宁波港的水铁联运正式开办。这是继宁波港水水联运以后，在货运业务上的又一次飞跃。

在“大跃进”影响下的宁波港，特别是水铁联运开办以后，港口的运力增长很快，到 1960 年，宁波港的吞吐量在新中国成立后第一次突破 100 万吨大关。但随之而来的国民经济的严重失调，以及困难时期的种种情形，使各条战线，包括港口的生产陷入困境，举步维艰。1961 年，宁波港的吞吐量从 1960 年的 163 万吨猛跌到 89 万吨，1962 年下降到 75 万吨，港口生产陷入低潮。

那几年，宁波港表面看货运量急剧上升，可营运的经济效益并没有同步增长，反而有所下降。这是由于港口违背客观的发展规律，使生产能力与急剧增长的货运量之间严重脱节。再加上任意改变机构，造成管理上的混乱和无章可循，各公司事故迭出，损失重大。

让宁波港再次遭受重大挫折的是“文革”，宁波港务局的党政机关和 22 个基层单位，一时间全部陷于瘫痪。

1978 年，党的十一届三中全会决定，把全党的工作重点转移到社会主义现代化建设上来。这一转变，从根本上扭转了重生产、轻流通的经济思想，为发展社会主义商品经济指明了方向。国民经济要大发展，到20世纪末要实现工农业总产值翻两番，内外贸运输量必然会成倍增长，现代化的港口建设已刻不容缓。

宁波港迎来了真正意义上的新生。

1978年1月3日，为了给上海宝山钢铁厂寻找矿石中转码头，国务院有关部委、上海市和浙江省的领导、专家在杭州召开会议，专门讨论。经过反复论证，最终确定北仑作为宝钢的矿石中转码头。

北仑港区铁矿石中转码头是宁波港的第一座10万吨级矿石码头，也是当时整个中国大陆最大的矿石码头。一期工程于1979年1月10日开始打桩，1982年12月25日竣工验收并投入试生产。整个工程从勘察设计、全面施工，到设备安装、调试验收等，历经4年时间。码头主体工程以“F”型布置，由一个10万吨级卸船码头、两个2.5万吨级装船码头和长2000余米的前引桥、A节点、后引桥、引堤以及能一次堆存10个矿种、容量为50万吨的矿石堆场组成，设计年吞吐能力为2000万吨。

北仑港区矿石码头的建成，标志着宁波港成为集内河港—河口港—海港三位一体的复合港。宁波港从此由区域性小港一跃成为跨区域、多功能、多层次的综合性港口，集疏运条件显著改善，配套机构设施渐趋齐全。

进入 20 世纪 90 年代，世界经济发展重点开始向亚太地区转移，国际航运业朝着远洋船舶大型化、深水化方向发展。

北仑二期集装箱码头工程是国家“七五”“八五”重点工程，总投资 3.897 亿元人民币，其中世界银行贷款 3000 万美元。工程计划建设 6 个 3 万吨至 5 万吨级深水泊位，第一阶段建设 3 个 5 万吨级深水泊位，其中一个为第四代国际集装箱泊位，投资为 2.44 亿元，工程于 1989 年 5 月动工兴建。1991 年 9 月 28 日，北仑二期集装箱码头第一阶段码头水工工程通过国家验收，第一阶段 3 个泊位年吞吐能力达 190 万吨。

这个当时中国最大的国际集装箱码头在北仑港区开始投产运作，标志着沿海港口不能接卸第四代国际集装箱船的历史宣告结束。1991 年，宁波至美国东海岸国际集装箱核心班轮干线正式开通，这条航线从北仑出发，经上海至日本的神户、横滨，直抵美国东海岸的纽约、查尔斯顿、休斯敦港。北仑港区从此进入国家远洋干线港行列，真正意义上的集装箱运输由此拉开序幕。

1992年4月19日，宁波港正式加入国际集装箱国内沿海支线运输网络，北仑港区集装箱运输进入新阶段。同年12月1日，北仑二期集装箱码头第二阶段工程正式通过国家验收，该工程的6个3万吨至5万吨级深水泊位全部建成。1993年8月，宁波港北仑二期集装箱码头工程被交通部评选为“改革开放交通双十大工程”之一。

1993年建立大榭开发区，同时开始建港。大榭港区的功能主要是为大榭开发区的工业区、港口货物吞吐和华东地区液化石油气、原油中转及储备基地服务，并承担上海航运中心部分集装箱运输任务。原油中转和液体化工品集疏是大榭港区最显著的两大功能。

光阴似箭，经过数十年的发展，现在的北仑港已是著名的大型深水良港，也是国家战略物资（石油）的储备基地，被誉为中国的“东方大港”。

在《宁波港总体规划设想》里有这样一段话：“在国家各有关部门关心、支持下，经全国性的三次大讨论后形成对宁波深水港功能的共识。这四大功能是：为宁波市经济发展服务；为浙江省和浙赣、杭商（丘）铁路沿线地区的内外贸易运输服务；为上海经济区和长江中下游大宗散货中转运输服务；为我国发展欧、美远洋集装箱中转运输服务。”

这是目标，也是前进的方向。

作为海陆连接点的港口是建设海洋强国的基础之一，被提到了从未有过的历史高度。面对这样千载难逢的机遇，宁波港岂能轻易放弃？2015 年 9 月，宁波舟山港正式挂牌，从此踏上一体化发展之路。这里的港口一体化不仅仅是港口岸线资源的联合开发与共享，还包括港口区域的港政、航政、口岸等部门机构及其运转机制的协调与管理。宁波舟山港一体化可视作全国港口资源整合的实质开端，有利于促进全国港口的良性互动。

宁波舟山港的未来一定会更加美好！

（天涯）

悠悠海丝路——福州港

汉高祖五年（前202），闽越王无诸构筑冶城，后为东冶县，即现在的福建省福州市。福建古称闽，地处我国东南一隅，背山面海，有很长的海岸线和不少天然良港，具有发展海上交通贸易的优越条件。汉代元封年间(前110—前105)，东冶县（福州）就被开辟为对外交通贸易港口，此后，历唐、宋、元、明、清，迄今2000多年，福州港的海外交通贸易长盛不衰，且从未间断过。"海上丝绸之路"是古代时太平洋与印度洋沿线国家海上交往的大通道，有着辉煌的历史。福州从闽越国的都城到汉代的沿海港口城市，直至今天作为中国建设“21 世纪海上丝绸之路核心区”的一部分，福州一直发挥着重要作用。

1. 开闽通航：历史上的“海丝”源头

据考，“陆上丝绸之路”最早是汉武帝派遣张骞出使西域开辟的。而“海上丝绸之路”最早是起源于汉高祖时期的闽越东冶港。《后汉书 · 刘弘传》记云：“旧交趾七郡贡献转运，皆从东冶泛海而至。”闽越人“习于水斗，便于用舟”，因为处于江海通津之地，闽江入海水道深阔，利于航运。当地人长期生活在江河湖海之间，很早就开始了造船和航海活动。至汉元封元年（前 110），因闽王“数举兵侵陵百越，并兼邻国，以为暴强”，又因“闽王率两国击南越”，汉武帝便兴师进攻闽越，“遣横海将军韩说出句章，浮海从东方往”（司马迁《史记 · 东越列传》），由海上南下，一路从浙江直接攻击闽越国的国都，闽越王余善被刺杀。闽越国覆灭，改设冶县，县治在今福州，后更名东部候官，隶属会稽郡，福建被纳入中央王朝统治体系。沿海闽越人接受汉朝的统治，与内地迁移而来的汉人杂处一起，把造船航海技术流传下来，使昔日的闽越国都城逐渐转型为东南沿海的港口城市。

同时，汉代福州东冶港与日本、琉球、菲律宾等地有了频繁的交通往来。《后汉书·东夷列传》记载了当时与日本、琉球等地的来往:“(倭)其地大较在会稽东冶之东，与朱崖、儋耳相近。”又记云:“又有夷洲及澶洲。传言秦始皇遣方士徐福将童男女数千人入海，求蓬莱神仙不得，徐福畏诛不敢还，遂止此洲，世世相承，有数万家。人民时至会稽市。会稽东冶县人有入海行遭风，流移至澶洲者。所在绝远，不可往来。”倭即日本，夷洲即台湾，澶洲即琉球群岛。秦始皇求仙一说虽不可考，但亦可说明当时交往之频繁、航业之发达。福州的造船技术那时已是遥遥领先。

西汉时，东冶与中原的海上交通不断，又是南海贡品北上的航路必经之地，但由于海路航行风波艰阻，经常发生船毁人亡的海难。东汉章帝时，开辟了新的交通路线，经湖南至广东而后出海的陆上交通，于是改走陆路，海路遂衰。东汉末年，福建仍然仅有一个冶县，作为会稽到岭南的航海补给站，管辖范围很小，汉人极少。那时候，中原战祸频仍，许多士民避乱东南，乃至逃往海外，他们当中就有借道福州，而后乘船往南的记录。《三国志》中记载了名士许靖等人从会稽南下的路线,“浮涉沧海，南至交州，经历东瓯、闽越之国”。

三国时期的孙吴政权割据东南大片土地，重视海洋发展。是时，在侯官县设立“典船都尉”，负责督造船只，在福州开元寺东直巷设置都尉营。之后又在今天的霞浦附近设置“温麻船屯”，成立大规模建船基地，大量建造海船。孙吴政权完成的两次航海壮举，都是由福州保障其船只人力。第一件事是东吴黄龙二年（230），孙权派遣卫温、诸葛直率领浩大的舰队远赴海上寻找“夷洲（即台湾）及澶洲”。这一年，在三国竞争统一的重要时刻，孙权为实现“普天一统，开拓海疆”，遣将卫温、诸葛直率甲士1万人，从浙东古港章安出使海外，远规台湾。《三国志·吴主传》载：“二年春正月……，浮海求夷洲及亶洲……所在绝远，卒不可得至，但得夷洲数千人还。”这是古代东亚航海史上一大罕见壮举，也是历史上大陆和台湾大规模交往，以国家政府名义第一次出航台湾，并在台湾行使国家权力的首次记录。著名史学家连雅堂先生的《台湾通史》称：“洪维我祖宗，渡大海，入荒陬，以拓殖斯土，为子孙万年之业者，其功伟矣。”又说：“台湾固土番之地，我先民早入而拓之，以长育子姓。故自开辟以来，官司之所经划，人民之所筹谋，莫不以理番为务。”卫温、诸葛直此行开发台湾，密切东南沿海文化和经济联系、交流，开拓我国东海，以及南洋群岛和东南亚各国的海上航道，堪与汉武帝开通西域，唐太宗和亲吐蕃，甘英出使大秦等相媲美，在中华民族发展史上具有重要政治和历史意义。

第二件事是为了对抗魏、蜀，孙吴政权积极发展海外贸易，派建安郡人朱应出使扶南（今柬埔寨），留下中国第一部海外地理书《吴时外国传》，记载海外上百国。2015 年，福州屏山地铁工地曾挖出一个大铁锚，后考证为汉初之物。可见当时造船业与航运业呈现出较为成熟的水平。这些历史记载，全都指向——“海上丝绸之路”始于闽地海域，始于东冶福州港。

2. 历史变迁:“海丝”路上朝代沉浮

到了晋代，由于中原陷入长期战乱，引起大规模的南下移民潮，部分汉族移民涌入福州。北方汉族移民与土著闽越人的融合，产生了具有海洋性格的“汉化越人”和“越化汉人”的社会群体，他们走向海洋，成为“海上丝绸之路”新的生力军。南朝梁、陈之际，福州港北与“海上丝绸之路”东路航线的日本连接，因而《南史》有“扶桑与晋安通”之说；南与“海上丝绸之路”西路航线连通。西晋时，佛教传入福建沿海，至南朝时兴盛。成书于唐代的《续高僧传》记载，西天竺（今印度）高僧拘那罗陀于梁朝大同十二年（546）从海路到达广州，而后来到当时梁朝的都城建业（今南京）。因侯景之乱，不能安居，辗转于江西、广东等地。陈朝永定二年（558）来到福建的晋安郡，三年之后才乘船离去。

当时有诸多物资遗存，可见佛教借由海路在福州广泛传播。1975年在福州市闽侯县南屿镇发现的南朝古墓，包含着大量佛教元素，内壁砌砖模印纹饰繁多，以莲花、忍冬为主，还有青龙、白虎、宝相花、诵经僧人、供花僧人、侍者、宝瓶、宝相联珠等，这些纹饰多与佛教题材相关，陪葬品中有一件青釉博山香炉，也直接体现了墓主的佛教信仰。

隋朝灭陈之后，在江南地方推行抑制士族豪强的政策，引发叛乱，福建的王国庆也起兵响应，隋兵杀至，王国庆战败，“余党散入海岛，或守溪洞”（司马光《资治通鉴》）。战争造成福州海上活动的衰落。平定福建之后，隋朝统治者鉴于沿海豪强长于水战，依托山海洲岛，与朝廷对抗，遂下令“江南诸州，人间有船长三丈以上，悉括入官”，只剩下小船在沿岸采捕，严重打击了福州民间海上交通。

至此，之前航海之路带来的繁荣受到极大打压，福州港一度衰落。

及至唐朝，开放的对外政策为福州港带来了新一轮的崛起和改变，掀起了“海上丝绸之路”发展的新高潮。同时，整个唐朝也是福州港变动颇多的时代。

有文献记载:“(福州)境接东瓯,地邻南越,言其实利,则玳瑁、珠玑。”可见唐初福州港繁华之盛。从一些诗文中也足见当时繁华。唐天宝、大历年间人包何《送李使君赴泉州》诗云:“傍海皆荒服,分符重汉臣。云山百越路,市井十洲人。执玉来朝远,还珠入贡频。连年不见雪,到处即行春。”

诗题中的“泉州”,实指福州。唐初,福建设置泉州(治所在今福州)、建州(治所在今建瓯)、丰州(治所在今泉州)。是时,福州称为泉州,唐朝景云二年(711)改称闽州,又二年才有福州之名。福州是福建的首府,是节度使、观察使的建衙之地。因此,从包何诗中所描绘的情景来看,当时福州的海外交通贸易已经相当发达,市区中有很多来自海外各国的蕃客,他们或是执玉来朝的使者,或是频繁入贡的商人。随着福州港对外贸易通商的地区不断扩大,除了与中南半岛、马来半岛的传统航线外,还开辟了新罗、三佛齐、天竺、大食航线等,福州城呈现“万国之梯航竞集”的盛况。随着往来国家日益增多,当时福州就有大量来自日本、新罗、三佛齐、天竺、大食、波斯等地的商人、学僧、使者、游客等,即所谓“市井十洲人”。其中不少人还因种种原因暂居或定居下来。1958年,在福州出土唐宪宗元和八年(813)福建观察推官冯审作《球场山亭记》的残碑，碑文真实记录："海夷日窟，风俗时不恒。"这十分明显地记载了当时福州城内有许多海外夷人寄居，因为人多日久，以致影响了市井风俗。

当时的唐朝政府因此专门设立了"都蕃长"一职来管理他们。《唐会要》记载了都蕃长蒲诃粟的事迹，天祐元年（904）六月，"授福建道佛齐国入朝进奉使、都蕃长蒲诃粟宁远将军"。船只进出福州通常要在闽安镇经停，以便检查、课税、候风，至今该处还有邢港古航道，并保留着一座横跨航道，始建于唐末的五孔古桥——迴龙桥。福州怀安窑所产瓷器，深受各国民众喜爱，远销国外，现有多件出土的精美怀安窑瓷器。这些在唐代的"海上丝绸之路"福州港这个节点留下的文物，向世人直观展现了这段历史。

除了贸易来往，中外文化交流更是达到了鼎盛时期。唐天宝三载（744），鉴真和尚与日本僧人荣叡、普照等人曾派人到福州买船以东渡日本。唐代中国与东洋、南海诸国文化交流活动在福州也留下历史见证。唐太宗贞观年间（627—649），新罗僧人慧轮曾泛海来闽越之地，后涉步到长安。唐德宗贞元二十年（804），日本又派出了遣唐使，分乘 4 艘海舶，学问僧空海与大使、副使以及留学生橘逸势等人所乘第一艘海舶因海风飘散，于八月十五日在福州长溪县赤岸（今霞浦县赤岸镇）登陆，这是福州境内首次接待日本遣唐使舶船。当年十一月三日，空海等人在福建观察使阎济美安排下，北上长安。在大唐留学期间，空海与当时的名僧大师、文人墨客广泛接触交流，并学习密教。回国后，他创立了佛教真言宗（又称“东密”），大力传播中国文化，著有《文镜秘府论》等数十部著作；又以汉字为依据，始造平假名，对日本文化发展关系重大。

由于外国僧人经常来到福州交流、学习，中唐之后，福州开元寺就被官方用作接待各国来闽僧人之会所。贞元二十年（646），空海大师一行到福州后，就被安排驻锡开元寺，与开元寺僧交流、研习佛学，并留下《灵源深处离合诗》等文稿。唐文宗在位（826—840）时，印度高僧般若怛罗在福州开元寺传授佛法，慕名前来学习的日本僧人甚多。大中六年（即852年，一说大中七年），到日本进行贸易活动的唐朝商人钦良辉，自日本肥前国值嘉岛启航回国，在海上航行数天，于闽江口的福州连江登陆，随船而至的还有日本僧人智证（圆珍）、丰智、闲静等，智证大师等人进入开元寺学习，在福州居留长达6年之久，于大中十二年（658），才搭乘唐商李延孝到日本贸易的商船回国。智证大师在开元寺期间，从寺僧存式学《妙法莲华经》《华严经》《俱舍论》，还向住在开元寺的印度僧人般若怛罗学习悉昙章、梵字和密教，回国后创立了日本佛教天台宗寺门派。天祐三年（906），又有“西天国僧声明三藏”来开元寺交流佛法。在印度商人屡到福州开元寺交流佛法的同时，新罗僧人也常至开元寺研习，并带回开元寺刻的经书。史载，“新罗僧洪庆自唐闽府航载大藏经”回国。当时前来进行文化交流和经济贸易的还有大食、波斯诸国。

海外多国的汇聚，使福州成为唐代“海上丝绸之路”的重镇。当时，一些文人骚客留下了许多诗赋，来描写福州的社会文化。唐末周朴《福州神光寺塔》诗云：“海水旋流倭国野，天文方戴福州城。”为人们展现了一幅福州与日本之间海上航行的图景。当时在福州任节度推官的闽人黄滔写诗描绘了大船从福州出海谋利，不畏风涛的景象：“大舟有深利，沧海无浅波。利深波也深，君意竟如何？鲸鲵齿上路，何如少经过！”福州海外贸易欣欣向荣，贾客云集，可称得上是东南一大都会，其交通地位也直追扬州、广州。

这段鼎盛时期的历史，有一个人功不可没，那就是王审知。王审知是秦名将王翦的后代，琅琊王氏士族。唐朝末年强盗群起，中和五年（885），寿州（今安徽寿县）人王绪攻陷固始，王绪听说王潮兄弟勇猛有才，便召到军中，让王潮担任军校。王绪为人多疑，凡有才能的部将都找借口杀掉。王潮十分害怕，便游说前锋诸将，挑选数十名壮士埋伏在竹林里，将王绪擒获并囚禁军中，不久后王绪自杀。王绪死后，前锋诸将拥戴王潮为首领，后随之转战福建。乾宁四年（897），王潮去世，王审知继其位，朝廷任命他为威武军节度使、福建观察使，累迁至检校太保、同中书门下平章事，封琅琊王。天祐四年（907），后梁太祖朱温升任王审知为中书令，封闽王。

王审知在位时，选贤任能，减省刑罚，珍惜费用，减轻徭役，降低税收，让百姓得以休养生息，使福建的经济和文化得到很大发展。而且他尽量避免战争，并与中原王朝保持朝贡关系。王审知在鼓励海外商业贸易的同时，还在福州设置榷货务，专门处理外商贸易事务。唐昭宗乾宁四年（897），授随从王氏入闽的光州固始人张睦三品官，领榷货务。在张睦任职期间，"佐审知甚忠，能与抢掠之际，雍容下士，招蛮夷商贾，敛不加暴，国用日以富饶"(《福建通志·张睦传》)。在海外贸易过程中，除了"招蛮夷商贾"外，自福建发船到海外经商贸易者亦不少，当时有发自福州的，也有发自泉州等地的。由于官方鼓励商人出海贸易，因而出现了五代后期福建的海舶和商人出海贸易的盛况。

闽国因海外贸易增加了大量的财政收入，"国用日以富饶”。同时，大量的异国珍品，如象牙、犀角、香药、珍珠、玳瑁、龙脑、沉香、胡椒、肉豆蔻、饼香、煎香、蔷薇水等也输入福建。这些舶来品又通过“闽商”输入中原地区，很受青睐。这些舶来珍品除了闽王及其统治阶层自己享用外，还被用于向五代中原王朝进贡。

闽同光三年（925），王审知去世，终年64岁，谥号忠懿王。其子王延钧称帝后，追谥其为昭武孝皇帝，庙号太祖。因王审知三兄弟对福建发展贡献很大，福建人尊称王审知为“开闽尊王”、“开闽圣王”或“忠惠尊王”。

王审知在闽王之位时开辟的甘棠港，在当时具有极为重要的作用。当时船只北上进贡或贸易，以及外国商船来闽，遭风涛所阻，有沉溺危险，《新五代史》记载：“审知岁遣使泛海，自登、莱朝贡于梁，使者入海，覆溺常十三四……招来海中蛮夷商贾，海上黄崎，波涛为阻。”所以在黄崎置港中转，发展海上贸易。明代《福宁府志》也指出了甘棠港的重要性：“王审知岁贡方物于梁，舟过黄崎港。”随着船只的不断到来，甘棠港日渐兴盛。不得不说，王审知具有前瞻性的眼光，为福州港在“海上丝绸之路”的历史上留下了浓墨重彩的一笔。1965年2月，福建省博物馆在福州市北郊新店公社战坂大队莲花峰发掘了闽国第三主王延钧妻刘华墓。出土文物中，就有来自波斯的孔雀绿釉陶瓶。1981 年，考古人员对王审知墓室进行复修清理时，出土了来自西亚的玻璃器。这些器物或是从海上舶来之物，或深受异域风格之影响，反映出当时福州与外域紧密联系的繁盛景象。

到了宋代，隋唐五代的繁盛如潮水般渐渐退去。宋代前期，福州已然发展为福建的政治、文化中心，同时也是沿江、沿海商品的重要集散地，与海外仍保持交往。大诗人苏辙在《林积知福州》中描写道："长乐大藩，七闽之冠，衣冠之盛，甲于东南，工商之饶，利尽山海。"审刑院大理寺言，"监察御史朱谏上言，福州递年常有舶船三两只到钟门海口，其郡县官员多令人将钱物、金银博买珍珠、犀象、香药等，致公人百姓接便博买，违禁宝货不少"。当时在东南亚至福州的这条传统航线上，宋代王禹偁曾记有"占城、大食之民，岁航海而来，贾于中国者多矣，有父子同载至福州"。丝绸、漆器、瓷器是福州对外输出的重要物品。1987 年，广东阳江市海域发现了一艘南宋晚期沉船，被命名为"南海一号"，船上搭载有福州义窑的瓷器。此外，在福州海域也发现了多艘宋元沉船，如连江定海"白礁一号"南宋沉船遗址，平潭草屿海域的南宋沉船、“大练岛一号”元代沉船遗址。

不仅有外域之人来闽，福州的商人也会“出国”，前往朝鲜半岛、日本，以及东南亚诸国。据记载，天圣年间（1023—1032），福州商人陈文祐两度赴日经商，周文裔到日本进献“方物多种”。远赴高丽的福州商客也多有记载，如“宋福州人虞瑄等百余人来献香药”“宋福州人陈象中等来献土物”（郑麟趾《高丽史》）。通贩南洋者，如天禧三年（1019）“福州商旅林振自南蕃贩香药回”。当时福州所产荔枝热销海外，曾任福州太守的蔡襄说：“水陆浮转以入京师，外至北戎、西夏，其东南舟行新罗、日本、大食之属。”然而，随着朝廷在泉州设立市舶司，垄断了福建海外贸易，宋元泉州之繁盛将福建与“海上丝绸之路”带上顶峰，福州港的作用开始有了划分，“海上丝绸之路”福建段的主导港口让位于泉州，这也是为何泉州成为后来重要的“海上丝绸之路”港口的原因。之后的福州港多为国内沿岸贸易，海外贸易的船只不多，一些是以偷越走私的方式进行。后来，元代朝廷为削弱蒲寿庚家族对海外贸易的控制，曾在福州设立海船“万户府”，有过短暂开放。

3. 又现辉煌：明代福州港口枢纽的形成

在元朝 90 多年的统治中，福州平民深受压迫。元惠帝至正十四年（1354），福州遭遇兵祸，致使当时富饶的闽地生灵涂炭、田园荒芜。

明洪武元年（1368），朱元璋在东南一带击败方国珍，决定分水陆两路向福建进军。水路由征南将军汤和、副将廖永忠率水师由明州（今宁波）南征福州。由于海道速度快，乘着东南风不几日便抵达闽江口五虎门，向福州南台挺进，福州城内的元参政袁仁密派人向汤和求降，并大开南门欢迎明军。汤和控制福州后，一面派人诏谕漳州、泉州等地，一面派兵讨伐尚未归附的福州各县。翌年，汤和出兵攻克延平。至此，福建归明朝统治。

明洪武四年（1371），福州重砌石城，称“府城”，当时由朝廷驸马都尉负责，他在旧址上垒石为城，北面跨越王山，山巅建造一座谯楼，作为各城门楼参照的式样，因此叫“样楼”。置身楼中，尽望闽海，远洋海船出入福州港皆可见，因此又名“镇海楼”，这里也成了福州港的标志。城的周围约 19 里，城墙高“二丈一尺有奇”，厚“一丈七尺”，城上建有敌楼 62 座，警铺 98 座，堞楼 2684 座。洪武六年（1373），福州中卫指挥李惠等又加以修治，在城上添建楼橹，环城一律加屋盖，非常壮观。嘉靖三十八年（1559），为防御倭寇，城上又增敌台36个。明代的福州有7个城门，即南门、北门、东门、西门、水部门、汤门、井楼门。在石城之外，有些要塞会加筑重半圆形的瓮城，也有门，可关闭。此外，还有水关4个，沟通城内外之河道。即使到了北洋军阀统治后期，南门外尚有瓮城，还可见还珠门和鼓楼。

明朝海禁制度非常严厉，福州港在“海上丝绸之路”的最后辉煌主要体现在官方的海洋活动。

首先是明初郑和下西洋。郑和率领声势浩大的船队，从永乐三年（1405）到宣德八年（1433），在长达29年的时间里，先后7次出使西洋，历经30余国，最远到达红海和非洲东海岸。船队具有外交使命和贸易商队的双重性质。福州是重要的航海基地，船队就在福州建造船只。《重纂福建通志》记载：“（永乐）七年（1409）春正月，太监郑和自福建航海通西南夷，造巨舰于长乐。”福州港是郑和船队出洋的重要起航点。史载：

永乐三年至五年（1405—1407），郑和第一次下西洋，《明史》中曾记载“自苏州刘家河泛海至福建，复自福建五虎门扬帆”。

永乐五年至七年（1407—1409），郑和第二次下西洋。

永乐七年至九年（1409—1411），郑和第三次下西洋，九月“自太仓刘家港开船，十月到福建长乐太平港泊，十二月福建五虎门开洋”。太平港，旧名“马江”，据明代《长乐县志》记载：“永乐七年内寺郑和使西洋海舟皆于此，因改今名为太平港。”

永乐十一年至十三年（1413—1315），郑和第四次下西洋驻泊长乐时，曾“登云门山，重建云门寺”，“驻军十洋街，人物辏集如市”。

永乐十五年至十七年(1417—1419)，郑和第五次下西洋，在太平港驻泊后开洋。

永乐十九年至二十年（1421—1422），郑和第六次下西洋。

宣德七年至八年（1432—1433），郑和第七次下西洋。在太平港驻泊10个月，在南山修建了三峰塔寺、三峰寺塔、天妃行宫和三清宝殿等建筑，树《天妃灵应之记碑》。但今仅存三峰寺塔和《天妃灵应之记碑》，其余崩塌毁坏了。

郑和七次下西洋，前三次最远到达古里，第四次到达忽鲁谟斯，后三次都登上了非洲东海岸。

这七次下西洋，都在闽江口或长乐县吴航港停泊。

长乐保留有关郑和下西洋的史迹颇多，最有名的便是郑和在长乐南山修建的《天妃灵应之记碑》，碑高 1.62 米，厚 0.16 米，是目前国内仅存的详细记载郑和七下西洋的石碑，碑记全文 1177 字，记载了郑和七下西洋的时间和所历诸国及在长乐活动情况，现保存于福建长乐郑和史迹馆内。在郑和的历次航海活动中，福州港不仅是船队的起航点，更是补给站。

明初郑和下西洋招徕海外国家进贡，也招来了外国八方来朝。如永乐六年（1408），浡泥国王麻那惹加那一行来朝，就是先到福州，然后去南京。永乐十八年（1420），古麻剌朗国“国王干剌义亦敦奔率妻子陪臣来朝”，“行至福州卒，赐谥康靖，敕有司葬，岁祀之”。当时，长乐的十洋街成为“贸易如云”的街市。至今，福州一带还流传着不少传说，并保存有郑和航海活动的遗物、遗迹。

郑和下西洋具有极其重要的历史意义，开辟了众多新的海上航线，拓展了中国“海上丝绸之路”，开拓了中国与世界的新关系，使福州成为中国走向世界的桥梁纽带，至此，“海上丝绸之路”步入辉煌鼎盛时期。

郑和率领的庞大船队满载着丝绸、陶瓷等物品，每到一地，或以贸易换取当地的物产，或以馈赠的形式，加深国与国之间的友谊。根据散见于明代各文献，特将郑和所到的国家和地区，以及从中国传出的丝绸列表如下：

国家或地名	今名	丝绸品名	书名
占城	越南	纻丝	《瀛涯胜览》
安南	越南	织金文绮、纱罗	《明史·安南传》
真腊	柬埔寨	锦缎、丝布	《星槎胜览》
暹罗	泰国	彩帛、锦绮、色绢、缎匹	《明史·外国传》《星槎胜览》
满剌加	马来西亚马六甲	锦绮、纱罗、帛、色绢	《明史·满剌加传》《星槎胜览》
彭坑	马来西亚彭亨	色绢	《星槎胜览》
急兰丹	马来西亚吉兰丹	锦绮、纱罗、彩帛	《明史·急兰丹传》
爪哇	印尼爪哇	绒锦、织金文绮、纱罗	《明史·爪哇传》
浡泥	印尼加里曼丹	锦绮、彩币、缯帛、色缎	《明史·浡泥传》《星槎胜览》
旧港	印尼巨港	五色布绢、色缎	《星槎胜览》
苏门答剌	印尼苏门答腊	色绢	《星槎胜览》
重伽逻	印尼松巴哇岛	花绢	《星槎胜览》
古麻剌朗	菲律宾棉兰老岛	绒锦、纻丝、沙罗、文绮	《明史·古麻剌朗传》

国家或地名	今名	丝绸品名	书名
合猫里	菲律宾甘马粦省	锦绮、袭衣	《明实录》《国榷》
吕宋	菲律宾吕宋	织锦、彩缎纱罗	《大明一统志》
三屿	菲律宾坎当	五彩布绢	《星槎胜览》
麻逸	菲律宾民都洛岛	五彩布绢	《星槎胜览》
苏禄	菲律宾苏禄群岛	五彩布绢	《星槎胜览》
沙瑶、呐哔啴	菲律宾棉兰老岛	锦绮	《东西洋考》
榜葛剌	孟加拉	布缎、色绢	《星槎胜览》《明史·榜葛剌传》
小具喃	印度奎隆	色缎	《星槎胜览》
柯枝	印度科钦	色缎、白丝	《星槎胜览》
古里	印度科泽科德	色缎	《星槎胜览》
甘把里	印度科摩林角	织锦	《皇明四夷考》
锡兰山	斯里兰卡	色缎、色绢	《星槎胜览》
溜洋	马尔代夫	色缎、色绢	《星槎胜览》
忽鲁谟斯	伊朗	锦绮、彩帛、纱罗	《明史·外国传》
佐法儿	阿曼佐法尔	纻丝、色缎、绢	《星槎胜览》
阿丹	也门	丝帛、色缎	《星槎胜览》
剌撒	也门	色缎、色绢	《星槎胜览》

国家或地名	今名	丝绸品名	书名
木骨都束	索马里摩加迪沙	色缎、色绢	《星槎胜览》
竹步	索马里准博	色缎、色绢	《星槎胜览》
卜剌哇	索马里	缎绢	《星槎胜览》
米昔儿	埃及	纱罗丝布	《明史・西域传》
天方（天房）	沙特阿拉伯麦加	缎匹、色绢	《星槎胜览》

以上按郑和船队的航线排列，只有个别国家郑和未到。这就再一次证明郑和船队到了哪里，中国丝绸也就传到哪里。而这次丝绸外传的规模之大，超过历史上的任何时期。福州当时已是重要的生产丝织品的产地，那里有一位名叫林洪的人将以往用5层的闽缎机改为4层，创制的新产品，名为“改机”。由改进的织机织出来的丝织品，提花织物质地轻薄，纹饰简明，花地青白，织造简便。《闽书・风俗志》称省会纺织之利，“乃有改机之绢，衣丝”。按《大明会典》记载：纻丝一匹，二百五十贯；纱一匹，八十贯；绫一匹，一百二十贯；改机与罗每匹俱一百六十贯。改机之绢，其时价与罗同等，远在纱绫之上，而仅次于纻丝，足见其在当时的丝织品中颇为名贵。改机的发明，可以看出明代福州纺织业的进步。《八闽通志》又载：“绢

绫缎纱罗，往年俱于苏杭售以充贡，近方有织者。”根据《闽书》记载：当时跟随郑和从征的福州军人有沈斗宝、董智、屠俊、庄辉、翟斌、姚政、张剪住、罗福生、孙瑛、谢拴住、严观、王通保、赵智、胡贵、陈连生、夏麟等。他们把当时深受中国贵族阶层和外国人青睐的、堪称高档的贸易产品——丝绸作为补充物资的主要品种进行采购，随船远航。1980年9月，在福州西禅寺附近出土了明代户部尚书马森第二夫人陈妙祯墓的丝织品；2001年，在福州西洪路牛头山工地上出一具明代棺木，死者为女性，身上穿着的棉衣和绸缎保存良好，都体现了当时丝织品的品相之好。现藏于鼓山涌泉寺内来自缅甸、印度、斯里兰卡等国的巴利文“贝叶经”，有明、清版本。这些“贝叶经”经过水沤、压干、修剪等处理，以代纸书写佛经，并涂以颜色，不但字迹清晰，且不易褪色，还可防虫、防水。值得一提的是，这些“贝叶经”每片之间都以产自福州的丝绸做成的精致绸带将“贝叶经”一片片串联成册，精致美观，足见当时的福州丝织品已畅销海外。

所以说，福州港在明朝“海上丝绸之路”的重要作用还体现在对外贸易以及对外文化的交流。当时，福建管理对外贸易的市舶司，宋元时期是设立在泉州港的，由于元朝末年的战乱，泉州港逐渐衰落，明成化十年（1474），市舶司移至福州，从此，福州港代替泉州港，被朝廷指定对外贸易港，并成为朝廷与琉球往来的唯一港口。在福州的水部门外设立“柔远驿”接待琉球客人，民间称之为琉球馆。清承明制，仍以福州作为琉球朝贡的唯一驻泊港口。目前较好地保存在福州市台江区琯后街的“柔远驿”旧址见证了这段历史。

福州与琉球交往已久，早在明初洪武、永乐年间，朝廷就赐闽人“善操舟者”36姓远赴琉球。他们到琉球后，择土而居，曰“唐营”（俗称久米村）。移居琉球的闽人姓氏，并没有明确记载，但在《久米村家谱》中有说明，长乐县的梁、郑，侯官县、闽县的林、金姓等，他们寓居琉球后，对琉球的航海贸易产生了重要的影响，成为“万国津梁”的主导者。

中、琉双方都派出使团，互相来往。从中国往琉球，自福州出发，从东涌（福州东引岛）或梅花（福州长乐）开洋，经我国小琉球头、彭家屿、花瓶屿、钓鱼屿、赤坎屿，进入琉球国的姑米山、那霸港（今冲绳之那霸市）。从琉球往中国，从那霸港出发，经姑米山、麻山、东路山、半堂山、乌麻山、官塘，到福州闽江口的定海千户所。

这条航线上不单有人员往来、文化交流，还有商品的流通。从琉球带来的有从东南亚转贩而来的香料、苏木、胡椒、锡等物品，从福州带去的有棉布、锦纱、丝布、瓷器、药材等物，再经琉球转贩到东南亚，填补了明朝海禁产生的空白，造就了琉球的大航海时代。航行于丝绸之路上的福州人，为物质与文化的交流作出积极贡献。据《明实录》记载，明成化十年至嘉靖末年的近百年中，仅琉球来华朝贡就达78次，还不包括以各种名义来华贸易的琉球船，诸如接贡、庆贺进香、送留学生、报丧谢恩、请封迎封、送返海上难民等，也不包括到福建避风、打造船只、置办货物回国的琉球人。因此，这一时期福建与琉球的贸易十分活跃，福州港跃居各港之首，成为最有活力的港口。由于福建与琉球的贸易实质上是中国与朝鲜、日本以及东南亚诸国之间的贸易，因此，此时的福州港一度成为明代海外贸易的中心。

福州港的繁盛不仅促进了工商贸易，农作物、文化交流等方面都通过“海上丝绸之路”变得史无前例的活跃。万历年间（1573—1620），赴吕宋贸易的长乐县籍商人陈振龙，发现当地有一种野生薯类，清甜可口，可充当粮食，很想带回家乡引种，但当地不准出口。陈振龙便将采来的薯苗封装在竹筒内，捆扎在船边，沉入水里，漂洋过海带回福建，并在城边试种，获得成功。万历二十三年（1595）发生饥荒时，其子陈经纶向福建巡抚金学曾建议推广种薯度荒，结果救活不少人，后人在福州乌山建有一座先薯亭，以纪念从吕宋引种、推广番薯的福建商人陈振龙和巡抚金学曾。国际上也把1594年定为番薯传入中国的时间。

明崇祯十一年（1638），福清县黄檗山的万福寺主持隐元禅师应日本之邀，率领知名僧徒前往日本弘扬佛法。隐元4次赴日，4次开坛，受戒者达2000多人。他在日本京都创建“黄檗山万福寺”，成为日本黄檗宗的开山鼻祖。随师赴日的高徒也都是各行业的能人，在文化领域影响深远。日本许多知名的学者，如渡边秀石、池田正直等，都是隐元和他的弟子培养的学生。这一切在日本史学界被统称为“黄檗文化”。

明朝时期的福州港，通过“海上丝绸之路”打开了中国与世界交流的新格局。但同时也存在隐患，海上交通的便利使得倭寇之祸日益严重。

明洪武二年至二十四年（1369—1391）的22年间，倭寇大举进犯中国9次，其中4次进犯的地点就在福建沿海，福州百姓年年受到倭寇骚扰威胁，终日提心吊胆，无法安心生活。为此，明洪武二十年（1387），明太祖派江夏侯周德兴防倭，在福建建立了5个卫城指挥使司和12个千户所城。嘉靖四十一年（1562），朝廷派俞大猷、戚继光前往援闽平倭，经过

“戚家军”和福建军民5年的殊死奋斗，最终彻底肃清了倭寇之祸。嘉靖四十二年（1563），福州人民将倭寇歼灭于城下。现福州市郊“八十一堆”相传就是当时倭寇的葬身之地。“戚家军”深受当地军民爱戴，百姓们都称戚继光为“戚公”，后又修建“戚公祠”。

4. 鸦片战争：五口通商，“海丝”忧患

南明隆武二年（1646）八月，清兵入闽，九月十八日福州陷落，隆武帝被俘后死于福州。消灭了海上抗清力量后，清政府实行严厉的禁海迁界政策，在福建设立闽海关。据记载，迁界从顺治十八年（1661）开始，强迫沿海30里内的百姓一律内迁，村庄田宅皆废弃，城堡台寨一律拆毁，一切船只化为灰烬，“不许寸板下海”，导致沿海一带赤地千里，荒无人烟，生产受到严重破坏，百姓流离失所。直至康熙二十一年（1682），清政府才开始调整政策，逐渐废除海禁，允许500石以下的船只出海，下令百姓返回原籍，各安本业。康熙二十四年（1685），又设立福州海关分口，开展对外贸易。康熙五十九年（1720），准许外商设立“公行”，各地商人在福州建设会馆。直到后来的雍正七年（1729）全面开禁，使得“西南洋诸口咸来互市”，至此，福州对外贸易才重新发展。康熙皇帝平定

三藩之乱和收复台湾后，全面开放海禁，福州与日本之间的交通贸易更为频繁。在开禁后的十几年里，自福州开往日本的商船数量居全国各港之首，也占了全省赴日商船总数的1/3以上，其中，在康熙二十九年(1690)超过了一半。但是该年日本对中国商船来日贸易规定了限额，其中对福建商船的限制为：福州船12艘，厦门5艘，泉州4艘，漳州3艘。在开禁后的40年里，福建赴日本贸易的商船共640艘，其中来自福州的商船219艘、厦门170艘、台湾130艘。日本学者松浦章的《江户时代的唐船贸易与福建商人》记载：康熙二十三年至二十六年(1684—1687)，来日本长崎港贸易的中国船，有福州72艘、南京63艘、宁波43艘、厦门31艘、普陀山21艘、广东15艘、广南6艘、泉州5艘、漳州2艘、台湾2艘，福州居首。康熙二十七年(1688)，来长崎的中国船中，福州有45艘，占总数的23.2%，为全国之冠。福州允许对外贸易，获得短暂发展，当时主要与琉球交易的是“十家帮”，包括河口一带的李、卞、郑、林、杨、赵、吴、丁、宋这九家以及城内的刘家。据传说，乾隆年间(1736—1796)，琉球商人在海上遇难，福州商人刘豫斋曾变卖自己的家产，资助他们赊款买货回国。商人们很感动，第二年特地回到福州还款，并送给刘家铁树2株、漆器1件、铜火炉2个，以示感谢。清代文人刘家谋曾作《铁树歌》一首，诗中有“汝自球阳渡海来，螺盘蕉布相追陪”等句。但在雍正五年（1727），朝廷指定厦门成为福建唯一的对外通商正口，福州港的海外贸易又趋于沉寂。自乾隆二十二年（1757）以后，清朝实行广州一口通商制度，广州成为清朝指定的对外通商的唯一口岸，广州十三行独揽海路而来的中西贸易达80年。福州港的地位与作用受到了极大影响。

道光二十年（1840），鸦片战争爆发，英国依靠船坚炮利的海军轰开中国大门，签订不平等的《南京条约》，福州被辟为五口通商口岸之一，成为大宗进出口货物集散地。福建内地和浙江东部的茶叶、木材、纸张等土特产，都从这里运往世界各地；布匹、呢绒、五金、颜料、煤油、石油、烟草、西药等外国货物，也从这里传入国内。但在条约体制之下，海洋发展受到严重影响，以前“海上丝绸之路”和谐的秩序荡然无存，福州被纳入西方国家主宰下的海洋体系。由于海上洋货源源不断地进入中国，市场洋行林立，造成了大量白银外流，而农产品加工、手工业等传统产业得不到发展，甚至破产。尤其是鸦片的输入，严重摧残国民健康，削弱中国国力。仅仅在光绪三十一年（1905），从福州港输入的鸦片就有3500余担。另加土商的大土入口4000余担，小土年销1000余担，总共近1万担。当时仅福州就有吸食鸦片者达1万人。

在鸦片战争之前，中国茶叶在国际上已享有盛誉，尤其是英国人，对武夷红茶情有独钟。道光二十五年（1845）五月，英国商人记连来到福州考察，并在福州开设了一所洋行。咸丰三年（1853），因太平天国运动切断了从陆路运往上海及广州的茶路，福州成为福建茶叶唯一出口口岸，于是外国商人纷纷来到福州，福州因此成为驰名中外的世界之茶叶集散地。该年，福州茶叶出口多达13万担，以后更是持续增长，其中，光绪六年（1880）高达802113担，创下最高纪录。19世纪60年代后，福州茶叶出口占出口总值的一半以上；到19世纪80年代，高达80%以上，超过了广州、上海，成为全国最大的茶叶出口地。福州茶叶主要出口到英国、俄国等欧洲国家，以及美国、澳洲、新西兰、南非等地，其中以英国为最，每年运往英国的茶叶占福州出口量的2/3以上，成为伦敦茶叶市场的主要供应者。然而，随着鸦片输入对中国的经济侵略，大量白银外流，国货出口却日益减少。光绪二十六年（1900），茶叶出口265900担，光绪三十年（1904）却降到了179500担。据商家报告，光绪二十三年（1897）得银593万元，三十年（1904）得银467万元，三十一年（1905）仅得银243万元。航运船只更受制约，嘉庆二十五年（1820）前后，航行在东南亚海面上的中国船只有295艘，总吨位8.5万吨，其中福州沿海船占1/2；到了道光二十四年（1844），中国帆船只剩下32艘，船只数量仅为嘉庆二十五年（1820）的1/9，吨位数只相当于当年的1/10。中国海上航运几乎被外国船只垄断了。

到了近代，福州港的历史地位和作用也在炮火与战争中显得更为复杂。同治六年（1867），福州马尾成立船政学堂（初名“求是堂艺局”），为富国强兵，“师夷长技以制夷”，又派遣留学生出国学习。船政局自发研究建造的船只、战舰在马江海战、甲午战争中作出了贡献。然而随着各种战争的爆发，历史的脚步经历辛亥革命、军阀混战、土地革命战争、抗日战争、解放战争……战争的炮火在时间的隧道里回响，福州港和“海上丝绸之路”渐渐式微，在历史长河里等待下一次闽海潮涌。

5. 有福之州：“丝路”新发展

2013年10月，国家主席习近平在印度尼西亚国会发表的重要演讲中表示，中国愿同东盟国家加强海上合作，发展好海洋合作伙伴关系，共同建设21世纪“海上丝绸之路”。海洋将成为21世纪海上丝绸之路建设的重要一环。

改革开放40多年来，我国实行对外开放的政策，使得东部沿海城市得到了快速发展，而沿海城市也逐渐融入世界经济，形成外向型经济。近年来，随着世界经济格局的变化，贸易方式和贸易主体也发生了变化。特别是近年来东南亚国家的崛起，使得中国与东南亚的贸易伙伴关系愈加密切。21世纪以来，中国与东南亚国家建立起全面合作伙伴关系，并建立了中国—东盟自贸区。福州作为我国东南沿海的重要城市，由于其特殊的地理位置，与东盟国家的联系非常密切。近年来，越来越多的东盟国家与福州建立贸易伙伴关系，福州正全力打造“21世纪海上丝绸之路战略枢纽城市”，福州海洋主导产业的优势越发明显，相信福州能承接好商贸人文的历史辉煌，发挥好“海上海外”的特色优势，重新打造“丝路”上的“有福之州”。

回望历史，不忘初心，“海上丝绸之路”依然闪烁着迷人的光芒，历史的回声依然带给我们辉煌的记忆。

展望未来，牢记使命，“21世纪海上丝绸之路”的构想和实践，必将引领中国以及中国人民开启新征程，走向属于大国崛起的新辉煌！

（徐小泓）

“海丝”的千年雅韵——扬州港

扬州有句流传很广的俗语——“波斯献宝”，这句俗语与古代“商胡”在扬州的商贸活动有关。所谓“商胡”，指的是外国商人，包括波斯人、大食人、新罗人、日本人、高丽人等，他们通过海路再循长江抵达扬州港，有的留下经商，有的从扬州经运河北上中原。其中，最先来扬州的是新罗人，长期居留在扬州最多的是波斯人和大食人，即古代的伊朗人和阿拉伯人，经商者数以千计，且来源广泛。唐朝杜甫有诗云：“商胡离别下扬州”，说的就是“商胡”集聚扬州的状况。另外，据南宋王象之《舆地纪胜》记载：“扬州常节制淮南十一郡之地，自淮南之西，大江之东，南至五岭蜀汉，十一路百州之迁徙贸易之人，往还皆出扬州之下。”商胡贸易活动在扬州影响深远，是“海上丝绸之路”的重要内容之一。

除了商胡，还有大量的王公卿士、达官贵人、文人骚客、百工杂役、道士僧侣等沿着“海上丝绸之路”来到扬州，佛教、道教、伊斯兰教等在扬州并存。成功派遣到中国13次的日本遣唐使节，有9次经停扬州。鉴真6次东渡，费尽毕生心血，弘扬律法于奈良。西域先贤普哈丁远渡重洋来扬州建寺传教。新罗诗人崔致远来中国留学，并在扬州为官，后来经海路回国，将用汉语写的诗文著成《桂苑笔耕集》。威尼斯旅行家马可·波罗在《马可·波罗游记》里不仅描绘了他在扬州的所见所闻，还让扬州与威尼斯两座东西方水城在后世结为友好城市……

历史发展到今天，通过不断发掘的大量文物、考古资料以及中外史籍记载可以证明，扬州因其优越的地理位置和城市地位，几乎直接或间接参与了中国古代“海上丝绸之路”的形成、发展、繁盛、鼎盛与衰弱的全过程，在“海上丝绸之路”的史册上占有不可磨灭的光辉一页。

在“一带一路”倡议与中国全方位对外开放的新时代，让我们沿着扬州的商埠历史，解读扬州与“海上丝绸之路”的渊源，走近一个个与“海上丝绸之路”结有因缘的人物，展读一部源远流长的、与丝路盛衰与共的恢宏史诗。

1. 滨江临海，水国名城

扬州缘水而生，因水而兴。隋炀帝杨广的《泛龙舟》有云：“借问扬州在何处，淮南江北海西头。”

距今约1万年前，扬州成陆于长江三角洲的冲积平原，它位于长江下游的北岸，蜀冈丘陵脚下，依海濒江，气候温润，物产富饶，有着得天独厚的先天条件。大量考古发现和卫星拍摄的图片可以证实，绵长的江南山脉就是远古的黄海海岸线，而蜿蜒数十里的蜀冈就是昔日的扬州海湾。

“扬州”这个名称最早见于先秦典籍《尚书·禹贡》：“淮海惟扬州。”取意“州界多水，水波扬也”（刘熙《释名·释州国》）。相传大禹治水后，以自然地理（山脉、河流等）为径，分天下为九州，即冀州、兖州、青州、徐州、扬州、荆州、豫州、梁州、雍州。

东汉赵晔的《吴越春秋·越王无余外传》记载：“（禹）即天子之位，三载考功，五年政定，周行天下，归还大越。”这里的“大越”指的是夏、商、周三代前的古扬州。《尔雅·释言》曰：“越，扬也。”西汉司马迁的《史记·尉佗传》写道："秦并天下，略定扬越。"南朝裴骃《史记集解》引张晏曰："扬州之南，越也。"唐代张守节在《史记正义》里说得更加明白："夏禹九州，本属扬州，故云扬越。"其实，《吕氏春秋》最早将古扬州称为"越"。《吕氏春秋》云："何谓九州？河、汉之间为豫州，周也。两河之间为冀州，晋也。河、济之间为兖州，卫也。东方为青州，齐也。泗上为徐州，鲁也。东南为扬州，越也。南方为荆州，楚也。西方为雍州，秦也。北方为幽州，燕也。"

可见，古扬州是个地域广泛的地理概念，包括了今天淮河以南、黄海、长江广大地域内的江苏、安徽、江西、浙江、福建等省，包含了现在的扬州。

周灭商后，相传周武王姬发将他的一个小儿子封于地处淮夷之中的"邗"，称为邗叔。然而，《史记·周本纪》中并未有相关记载。还有另一种传说，大约在这一时期，一批淮夷人来到了淮南江北海西头附近，与商末被迫迁来这里的一部分淮夷人会合，在临江傍岸的蜀冈之上，建立了一个周朝势力未能达到的干（音 hán）国。"干"之本义为侵犯，假借、引申义为"岸"。《诗经·魏风·伐檀》曰："坎坎伐檀兮，置之河之干兮。"而"邗"从"干"从"邑"，清末孙诒让在《墨子闲诂》中注云："干，邗之借字。"所以，"干"即"邗"，包括现今的扬州、泰州两市辖区及安徽中部的几个县。

邗东邻大海，南隔长江，在江淮地区存在了500年之久，吴王寿梦(约公元前6世纪)时期，为吴所并，称“禺邗”，“禺”即“吴”，“禺邗”即“吴邗”。《庄子·刻意篇》云:“夫有干越之剑者。”注曰:“干,吴也。”东汉许慎《说文解字》曰:“邗，国也，今属临淮，从邑干声，一曰邗本属吴。”

蜀冈之上的邗，就是扬州的前身。

2. 控江扼淮，港口初建

周敬王三十四年（前486），吴王夫差（吴王寿梦曾孙）为北上伐齐、争霸中原，于扬州蜀冈上（邗国旧址）筑邗城，凿邗沟。《左传·哀公九年》记载:“秋，吴城邗，沟通江淮。”北魏郦道元《水经注·淮水》云:“昔吴将伐齐，北霸中国，自广陵城东南筑邗城，城下掘深沟，谓之韩江，亦曰邗溟沟。”这个“邗城”就是扬州城的雏形。因此，周敬王三十四年（前486）被认为是扬州有史记载的建城之始。

邗沟，古时又称韩江（邗江、邗溟沟、渠水、中渎水）。清代刘文淇《扬州水道记》记载:“邗沟以广陵邗江得名，而由江达淮，皆谓之邗沟。”宋朝程大昌《禹贡后论》记载:“江之通淮以邗沟。沟,吴创也。吴将伐齐，自广陵城东南筑邗城，并城掘沟。沟之远，南起江而北通射阳湖以抵末口淮者，吴故也。”晋代杜预《春秋左传集解》记载：“于邗沟筑城穿沟，东北通射阳湖，西北至末口入淮，通粮道也，今广陵邗江是。”这里的“邗江”即“邗沟”，意思是说，自邗城下开始的邗沟水道，引长江水流向东北的射阳湖（宝应县东），再转向西北至末口（淮安城北）入淮水。

邗沟，当时全长 150 千米，是世界上第一条有确切纪年的人工运河，1000 年后，它成为举世闻名的京杭大运河的源头。在古代陆路交通不发达的情况下，邗沟既是吴国的军事通道，也为南北物资交流提供了便利。邗沟的开凿开启了扬州源远流长的水运交通史。

周慎靓王二年（前 319），楚怀王重修邗城，改城名为“广陵”。秦、汉时，扬州称“广陵”“江都”等。扼江淮要冲的扬州，不仅是国内盐、铜、鱼的集散地，而且是对外贸易的重要港口。

汉文帝元年（前 179），吴王刘濞为了富国强民，东开邗沟，凿通了茱萸湾（今扬州市湾头镇）向东经海陵仓（今泰州市海陵区）到蟠溪（今南通市如皋东陈家湾）的运河。明末清初大儒顾炎武在《天下郡国利病书》里记载：“汉吴王濞开邗沟，自茱萸湾通海陵仓及如皋蟠溪，濞以诸侯专煮海为利，凿河通运海盐而已。”这条运河是邗沟的支流，历史上叫运盐河（通扬运河）。

运盐河是一条由扬州东行入海的通道，历史价值丝毫不逊于邗沟干道。历史上有许多朝鲜、日本航行到扬州的海船，行至掘港（今江苏省南通市如东县），而后换船，沿运盐河西行到达扬州，这在唐开成三年（838）日本高僧圆仁法师的《入唐求法巡礼行记》里有详细描述。而中国东晋典籍《高僧传》是最早可以稽考扬州与海外交通的文献。

吴王刘濞即山铸钱，煮海为盐，促进了扬州外交贸易，使扬州迎来历史上第一次繁盛。2015 年，考古人员从扬州一座西汉竖穴土坑木棺墓中出土了 26 枚圆形带有外国字铭文的龙纹铅饼和 6 枚长条形龟背纹铅饼。这说明，至少在西汉时期，扬州就已经有了中外之间的交流。

20 世纪 80 年代，扬州出土了东汉时期古罗马玻璃器皿，这是我国已经发现的为数极少的早期输入的外国玻璃器皿。扬州两次出土的实用玻璃器皿都来自古罗马，能够使用上玻璃器皿的主人是广陵国诸侯王刘荆及其亲族，可见当时的玻璃器皿十分昂贵。西汉时期，地中海沿岸的古罗马是全球玻璃生产中心之一，扬州是漕运枢纽，这些玻璃器皿很可能是通过“海上丝绸之路”进入扬州的。

东晋南朝，因中原乱离，流民南渡，设“南兖州”于广陵。北周改“广陵”为“吴州”。隋开皇九年（589），改“吴州”为“扬州”。

3. 水上都会，“丝路”节点

隋开皇七年（587），隋文帝杨坚在邗沟的基础上，开挖山阳渎，对邗沟裁弯取直，以通漕运。根据程大昌《禹贡后论》记载：“隋开皇七年，开山阳渎以通漕运。”隋大业元年（605），隋炀帝杨广先后征用500余万民工，耗时6年，在已有天然河道的基础上，先开凿通济渠，直接沟通黄河与淮河的交通，再改造邗沟和江南运河，又开凿永济渠，北通涿郡。这条以邗沟为源头的隋朝大运河水面宽30—70米，全长2700余千米，地跨北京、天津、河北、山东、河南、安徽、江苏、浙江，连接海河、黄河、淮河、长江和钱塘江五大水系，是中国古代南北交通的大动脉，长时间成为“东方世界主要国际交通路线”，是世界上最伟大的工程之一。

隋朝大运河开通以后，通济渠最南端的扬州，兼得江、河、海运之便，成为通达江、淮、河、海之全国南北东西水陆交通中枢、“海上丝绸之路”与“陆上丝绸之路”的连接点。无数船舶停靠扬州，江南地区每年向朝廷缴纳的粮食和布帛等贡赋都是先集中到扬州，然后再经运河运向都城。运河上昼夜“商船旅往返，船乘不绝”。

及至唐代，大运河发挥出越来越大的作用，扬州不仅是中国与各国通商贸易和文化交流的重要口岸，还是最重要的造船基地之一。唐大历年间（766—779），盐铁转运使刘晏在扬州扬子县建成了10个大型造船工场，共造了2000多艘船只。扬州除制造适合江河中行驶的船只外，还制造大型的海船，以供海上运输。

阿拉伯人伊本·胡尔达兹比赫在《道程及郡国志》里记载：“四大港，龙编、广州、泉州、扬州。”

日本遣唐大使藤原清河、藤原常嗣、请益僧圆仁、高田根麻吕等人从海上乘船来中国，也必经扬州。其中，学问僧普照八下扬州，荣睿四次往返扬州，邀请扬州大明寺主持鉴真和尚东渡，皆由海路。鉴真为了弘扬佛法，不顾生命危险，双目失明，六次东渡，不仅为日本带去了大量佛经，还将香药、扬州漆艺等传播到日本，成为日本律宗创始人，促进了中国文化向日本的流传。新罗学者和诗人崔致远来中国留学为官，在扬州高骈幕中生活了将近4年。中和四年（884）深秋，崔致远由扬州乘船沿运河北上，再由楚州改乘海船，于次年春季回归新罗。崔致远的《桂苑笔耕集》

是朝鲜半岛最古老的汉文典籍之一，其中有300多篇文章和60首诗是他在扬州所写，对研究晚唐时期淮南以及扬州的形势具有重要参考价值，也反映出扬州与朝鲜半岛的交通及文化交流情况。

“海上丝绸之路”在唐代被称为“陶瓷之路”，而扬州就是“陶瓷之路”的东方起点之一。陶瓷的大量输出既是商业贸易，也是文化纽带，体现了中外不同文化的交流融合及相互影响，那些珍贵的带有异域风情的瓷器便是这种文化交流的沉积。

扬州博物馆曾举行过“扬州唐代文物特展”。展出扬州考古发掘出的来自越窑、邢窑、定窑、长沙窑等外销瓷器，这些展品中不少带有典型的阿拉伯、印度风格的纹饰和造型，还有一些栩栩如生的“胡人像”，都是古代“海上丝绸之路”上外国与扬州密切往来的例证。

唐代的文化艺术精华唐三彩也是沿大运河到扬州，再由长江经大海走向海外。当时走向海外的巩义唐三彩曾在扬州“歇息”。如今扬州博物馆里这些巩义黄冶窑产的三彩器物展示了唐三彩与扬州割舍不断的情缘。

唐代“海上丝绸之路”不但是“陶瓷之路”，也是“香料之路”。扬州就是国际香料集散地，汇集了全国各地以及南洋和西域的香料，通过扬州发达的水陆交通输送到各大主要城市和东亚其他国家，这从鉴真第一次和第五次东渡所准备的香药便可以得到印证。在《唐大和尚东征传》中记载，天宝二载（第一次东渡）备办“麝香廿剂，沉香、甲香、甘松香、龙脑香、胆唐香、安息香、栈香、零陵香、青木香、熏陆香都有六百余斤；又有毕钵、诃梨勒、胡椒、阿魏、石蜜、蔗糖等五百余斤”。“天宝七载春（第五次东渡），荣睿、普照师从同安郡来，下至扬州崇福寺大和上住处。大和尚更与二师作方便，造舟、买香药，备办百物，一如天宝二载所备。”鉴真东渡所准备大量不同种类的香药基本来自域外，比如安息香产自中亚、阿拉伯半岛和伊朗高原，熏陆香主要产于红海沿岸，沉香主要产于我国海南及东南亚、南亚地区，龙脑香则主要产于南洋诸岛。鉴真为东渡采购的这些香药产地的多元化，体现了扬州作为香药集散地的国际化特征。

扬州作为世界著名商业都会、全国经济中心，其富庶繁盛、奢华靡丽令人们趋之若鹜。正是“春风十里扬州路”“十里长街市井连”。市场上有各式各样的商铺店肆，中外商品琳琅满目，街道、码头拥挤堵塞，喧闹的叫卖声中夹杂着不同面孔、肤色和语言的人。大食、日本、波斯、新罗等国的商人大部分是经海路来扬州经商，其中，大食人、波斯人就达 7000 人。

《旧唐书》记载：“江淮之间，广陵大镇。富甲天下。”北宋司马光《资治通鉴》记载：“扬州富庶甲天下，时人称扬一益二。”南宋洪迈《容斋随笔》写道：“唐世盐铁转运使在扬州，尽斡（掌管）利权，判官多至数十人，商贾如织。故谚称‘扬一益二’，谓天下之盛，扬为一而蜀次之也。”

唐代的扬州，这座东方海上丝绸之路的“淮左名都”“东南第一商埠”，谱写了“歌吹沸天”的繁荣神话。

4. 文化交流，光照千年

到了宋代，由于战争破坏、长江三角洲港口体系的变迁、政区地理的分化等因素，扬州的国内外贸易和经济出现衰退，但仍占据南北交通的枢纽地位。隶属扬州的真州港口，仍然有不少朝鲜人、阿拉伯人沿着“海上丝绸之路”航道经扬州循运河北上，或溯长江西去襄鄂。

北宋天禧二年(1018)，江淮发运使贾宗开凿扬州城南运河，从黄金坝向南绕城至文峰塔，这使得东关门前的渡口人声鼎沸、市场繁荣。南宋以来，扬州不仅承担南北粮、草、盐、钱、铁的运输，大量的中国瓷器、漆器、丝绸、茶叶、铜铁等货物也从这里启航，运往波斯湾、红海，乃至地中海等沿岸国家和地区，又从国外输入了香料、花草、药材等一些奇珍异宝。

2007 年 12 月 22 日 11 时 30 分左右，深藏于海底 800 余年的宋代沉船“南海一号”出水后，曾打捞出来一个完整的圆形漆器木盒，漆黑的底色，鲜红的纹样清晰有规律地游走着，彰显着高贵端庄，而扬州自古就是漆器王国，漆器文化已有 2400 多年的历史，起源于战国，从汉代开始就饮誉海内外。扬州漆器技艺精湛，水平高超，内涵丰富，风格独特，即使穿越千年，仍光鲜如初，历代出土的扬州漆器就印证了这点。所以，专家猜想这个漆器木盒很可能产于扬州，“南海一号”是从中国境内开往西亚、波斯湾等地区的货船，按照当时交通的习惯，极有可能停靠扬州，补充物资和供给货源。

自元代始，一度沉寂的“海上丝绸之路”又活跃起来，扬州进入中外交流的又一个重要历史时期，成为大批意大利人、阿拉伯人等外国人北上大都或南下航海的必经港口，不少外国人甚至长居扬州。马可·波罗是意大利威尼斯人，著名航海家、旅行家。元代至元十二年（1275），他随父亲和叔父经两河流域、伊朗高原，越帕米尔，到达元朝上都，得到元世祖忽必烈的信任，派遣他出使国内各处。相传他在中国待了 17 年，在扬州为官 3 年，最后，沿着“海上丝绸之路”回到威尼斯。他口述的《马可·波罗游记》将中国首度介绍给西方，包括对扬州的细致描写，凸显了扬州作为“海上丝绸之路”重要节点城市的地位，使西方人对扬州乃至中国产生浓厚兴趣，纷纷慕名而来。所以，马可·波罗是扬州史上非常重要的中西方文化交流的友好使者。

5. 繁华商埠，航道变迁

及至明代，长江河口日益东移，扬州港逐渐被江阴和华亭所取代，但尚未完全失去海外交通的地位，继续在“海上丝绸之路”航线上发挥着重要作用。洪武十五年（1382），扬州天宁寺主持道彝受朝廷遣使东渡日本，汪舟次被遣派至琉球国，成为扬州历史上著名的外交使节。嘉靖十八年（1539）和嘉靖二十九年（1550），日本高僧策彦分别以副使和正使的身份两次来中国，先到市舶司所在的宁波，沿着水路经由扬州北上京师，而后再次经由扬州从宁波回国，途经扬州4次，并将他两次出使中国的经历写成两部汉文集，即《初渡集》与《再渡集》。

清朝康乾盛世，扬州迎来第三次繁荣。清初著名文人孔尚任诗云：“东南繁华扬州起，水陆物力盛罗绮。”扬州成为徽商的重要集散地、盐业的交易地、国家重要的税源地，徽商中又以盐商为最，扬州盐商富可敌国，“秦腔徽语”满街可闻。民国陈去病《五石脂》记载：“扬州之盛实徽商开之，扬盖徽商殖民地也。”这种盛况犹见于扬州南河下街。“河下”的意思，就是运河大堤之下。这里舟楫往来如梭，交通便利，南来北往的商船、客船、官船，大多在此停靠。于是，盐商们皆沿河而居，形成一条河下街。河下街会馆、豪宅、园林鳞次栉比。《扬州竹枝词》写道：“商人河下最奢华，窗子都糊细广纱”“鹾客连樯拥巨赀，朱门河下锁葳蕤；乡音歙语兼秦语，不问人名但问旗。”18 世纪末，世界上总共有十个 50 万人口以上的大城市，扬州就位列其中……

扬州瘦西湖也是盐商奢靡生活的产物，由隋、唐、五代、宋、元、明、清等不同时代的城濠连缀而成的带状景观，始终与大运河保持着水源相通的互动关系，是“海上丝绸之路”商贸交流的见证。

但随着海禁政策的实施，“海上丝绸之路”名存实亡，扬州和海外的交通空前冷落，除了和琉球国外，与其他的国家和地区几乎没有往来。鸦片战争爆发后，中国海权丧失，沿海口岸被迫开放，西方殖民主义势力入侵中国，把中国当成了倾销商品的市场。

战争带来内忧外患，大运河北方多处出现断流，南方的一些河道也被破坏和污染，扬州漕运的船队渐渐销声匿迹，许多会馆、店铺均被冷落和废弃，千年商埠只能在荒凉与萧条里回忆昔日“海上丝绸之路”的繁华。但扬州元素依然在国外得到传播。1915 年，扬州谢馥春的香件在美国获得“巴拿马万国博览会”银牌大奖，从而被誉为“中华第一妆”。

一座通史式的“海上丝绸之路”商埠，世界著名港都，扬州的开放性、兼容性与多元性，为传播世界文明、促进世界经济文化的交流与发展作出了举世瞩目的历史贡献。

6.“一带一路”，壮丽新篇

新中国成立后，扬州的对外贸易有了新的发展。1985 年，扬州新建长江港口于京杭大运河与长江中北岸交汇处，具有江海货物运输集散的区位优势，辐射苏、鲁、皖、川、鄂、赣、沪等省市，通达世界十多个国家和地区。1992 年 11 月，扬州港经国务院批准对外国籍船舶开放，成为国家一类开放口岸。到“十五”计划期末，扬州港形成了扬州港区、江都港区、仪征港区“一港三区”的格局，已成为以腹地能源、原材料和集装箱运输为主，江海、江河货物转换、中转，临港工业发达的现代化综合性枢纽港口。尤其是扬州远扬国际码头有限公司成立后，扬州港的功能已远远超出了传统意义上的货物装卸搬运范畴，而是作为全球综合运输网络的重要节点和国际物流链上的重要环节，提高了在全国的地位，促进了扬州对外贸易的交流和繁荣。

京杭运河扬州段保存完好，改革开放后又多次进行了整治、疏通和改造，航道更加顺直、宽畅，可以通行 2000 吨级顶推驳船队，扬州重新成为沟通南北的水上大通道。其中，北方的煤炭、建材、农副产品等大宗货物源源不断通过扬州里运河运往长江三角洲地区，而南方的粮油及商品又通过扬州水上枢纽向四方辐射。扬州里运河航道不仅成了北煤南运的通道，还是南水北调的输水廊道和集防洪、灌溉、排涝、绿化、环保、养殖、旅游为一体的综合性黄金水道。目前，现代化的镇扬汽渡是我国长江沿线车流量和客流量最大的渡口，也是江苏南北交通干线公路 243 省道的越江枢纽，北岸位于扬州市瓜洲镇，南岸位于镇江市润州区蒋乔镇，可以载车辆，也可以载散客，24 小时通航。

在“一带一路”倡议的良好契机下，扬州牵头举办运博会，加强与“海上丝绸之路”沿线国家、地区节点城市的友好往来，与国际交流更加密切，扩大经济文化贸易合作。2016 年，全市在“一带一路”沿线国家投资项目 11 个，中方协议投资金额 2.07 亿美元，同比增长 133.8%。许多外国人来扬州投资、经商、居住、工作和学习，扬州人也把扬州文化和扬州元素传播到世界各地。2016 年，扬州企业已在全球 54 个国家演绎着一幕幕走出去的“扬州故事”。

扬州是中国的，也是世界的。扬州积极打造国际文化旅游城市名片，流淌不息的古运河已成为世界遗产旅游景点，每年接待数以百万计的海内外游客。唐代大诗人李白有诗云：“故人西辞黄鹤楼，烟花三月下扬州。”烟花三月是扬州最美丽、最浪漫、最诗意的时节，中国扬州“烟花三月”国际经贸旅游节，从 2005 年开始，定在 4 月 18 日开幕，为期一个月，每年吸引来自日本、韩国、欧洲、美洲等国家和地区的 500 多位嘉宾莅临盛会，共享商机，共谋发展。中国·扬州鉴真国际半程马拉松赛诞生于 2006 年，2012 年至 2014 年，该赛事连续三次被国际田联评为金标赛事，来自全球 40 多个国家和地区、243 个国内城市的几万名选手来扬州角逐。高邮大运河半程马拉松赛自 2012 年举办以来，共有来自其他国家和地区以及国内的 8000 多名选手参赛。2010 年，经中国作协批准，“朱自清散文奖”颁奖地永久设于朱自清先生的故乡扬州，作为全国散文界的最高奖项，吸引全球华人文坛顶级的文学大家，循着朱自清先生的足迹而来。

世界文化遗产点、扬州瘦西湖风景区已成为“一带一路”上闪耀的明珠。2013 年 4 月 12 日，首届国际诗人瘦西湖虹桥修禊活动开幕，英国、美国、德国等国家和地区的诗人和中国诗人齐聚扬州瘦西湖，举行了大型“曲水流觞”诗歌唱和活动，参观“海上丝绸之路”遗址，乘船游览古运河。2014 年 4 月和 2016 年 9 月，英国、美国、斯洛文尼亚、牙买加、西班牙、墨西哥、哥伦比亚、洪都拉斯、古巴等国的诗人又纷纷来到扬州，参加了第二届、第三届国际诗人瘦西湖虹桥修禊活动。许多国家的诗人在扬州密集聚会，不仅蕴含不同文化的交流与融合，而且显示了扬州特殊的国际地位。

毋庸置疑，今天的扬州充分表现出丝路名城的魅力，已成为具有国际影响力的现代文明与古代文化交相辉映的东方明珠。

（苏扬）

丝绸之路“海道第一程”——连云港

连云港港，前身为海州朐港，应该说它是众多港口中独特的海港，地理位置独特，位于南北过渡和陆海过渡的交汇点，是国际通道“新亚欧大陆桥”东桥头堡和新丝绸之路东端起点。由于它贯通欧亚大陆，因此对国际间，特别是太平洋和大西洋经济圈的物流具有重要的吸引力，所以连云港港有三大洲、两大洋的“咽喉之道”的说法。因为这个港，这座城市也因此得名。

连云港港，作为镶嵌在祖国沿海脐部的璀璨明珠，是一个终年不冻良港，也是我国如今的八大海港之一。

据说这里原来是古人类理想的栖息

地，人类在此活动的历史可上溯至 1 万年前。根据相关资料，上古时期东夷族曾在这里发祥，与其他部落如徐夷、淮夷较早地开发了东方文明。早在 1 万年至 2 万年前，即黄海陆地化时代，上古先民就从这里抵达朝鲜、日本等地，揭开了连云港港交通门户国际化的序幕，秦汉时同越南、缅甸、印度、斯里兰卡等国往来，素有“海道第一程”“海上丝绸之路”之称。

连云港港北倚东西连岛天然屏障，南靠巍峨的云台山，钟灵毓秀，形成了神秘厚重的东方人文风貌，实是孕育神话、创造神奇的一方乐土。这里是《西游记》文化发祥地、神话人物孙悟空的故里，也是泛海东渡寻找长生不老药的徐福故里，《镜花缘》就是在这里写成的，孔子也曾到过这里问礼。可以说这里既是交通的港口，也是中华文化五千年的港口。东方文化从这里走向世界。

1. 吴承恩：淮海浪士书写连云港

吴承恩是淮安人氏，与连云港有何关系？

吴承恩在《西游记》的开篇这样描述花果山：“东胜神洲，海外有一国土，名曰傲来国，国近大海，海中有一座名山，唤为花果山。”这个孙猴子的老家的原型也许就在连云港市云台山。

这个云台山不一般，由149个山峰组成，原名苍梧山，沿着十八盘攀登，可以登临江苏最高山峰——玉女峰。

穿梭在水帘洞、唐僧崖、八戒石等众多景观里，人们自会深刻感受到花果山的钟灵毓秀、神秘峻奇，正所谓“一部西游未出此山半步”,《西游记》早已与云台山紧密联系在一起了。

连云港花果山的位置与小说中花果山的位置是十分吻合的，在历史典籍和方志中均有记录,《山海经》云:“都州在海中，一曰郁州。”《水经注》亦云:“朐县东北海中有洲，谓之郁洲。《山海经》所谓郁山在海中者也。”《江南通志》云:“在州（指海州）东北海中有大洲，谓之郁洲。”《云台新志》记载:“康熙四十年（1701)”，云台山与海州大陆“渡口渐塞”,“至五十年（1711)，忽成陆地”。也许地名在不断更易变化，但实质上所有的名字均指向云台山。《中国古今地名大辞典》记载:“郁林山，亦名郁山，在江苏灌云县东北郁洲，旧在海中……今已连于大陆，名云台山。”

唐开元年间（713—741),《东海县郁林观东岩壁纪》石刻描述云台山“雾月与碧海同深，霞朝将赤城争峻”。宋苏东坡于孔望山遥望海中仙山，写诗叹道:“郁郁苍梧海上山，蓬莱方丈有无间。旧闻草木皆仙药，欲弃妻孥守市阛。”关于这两段描述，绝非牵强附会，也不是虚张声势。因为云台山在吴承恩所处的时代，的确是海中的仙岛，由于地壳的运动造成今天的情况。而关于云台山的描述，海州知州杨本俊《登云台山》诗云：“山如驾海海围山，山海奇观在此间。乘兴时来一登眺，恍疑身世出尘寰。”这不就是小说中的花果山吗？

如果我们以花果山内的水帘洞为例，也是十分吻合的。水帘洞是《西游记》中齐天大圣孙悟空的府邸。而云台山水帘洞早在《西游记》成书之前就有其名，绝非后来附会之名。例证就是在明代海州人张朝瑞的《东海云台山三元庙碑记》中，水帘洞那时已为云台名胜之一。当然，《西游记》里与云台山一致的景观不止水帘洞，如小说中的女娲石，就是云台山中一块天生奇巧的“娲遗石”，传说为女娲炼石补天所剩，其尺寸形态与《西游记》中描写的感受“天真地秀”“日精月华”的仙石相似。其周围的环境布局也十分相似。我们有理由相信，对于花果山的景观，吴承恩在写《西游记》时是有生活阅历积累和沉淀的。

有人认为，宋代以前的云台山是道教的第七十二福地，是全真教的发祥地。我们知道，宋、元、明时期是中国历史上道教、佛教相互融合的时期，而云台山彼时已经是道教的道场了。佛教作为外来宗教，随着唐宋经济社会的繁荣发展，渐渐传播开。除了孔望山的汉代佛教摩崖石刻外，我们发现海州广建佛寺，修篓浮图，大量的佛教建筑诸如三元圣宫、石佛庵、大佛殿、海清寺、船石庵、云门寺、镇海寺等佛教寺院众多。云台山作为道场，理所当然是宗教活动的重要集聚地，因而为《西游记》的创作提供了丰富素材。我们从《西游记》中可以发现许多海州寺庙的影子。

至于唐僧等人的故事，我们可以从云台山地区关于唐状元陈光蕊、宰相殷开山及其女殷小姐的传说和资料记载说起，这些人在小说中都有相关的痕迹和印象。在《西游记》里，陈光蕊就是唐僧的父亲，唐僧也随之由史实中的“河南缑氏”人变成了海州人，唐僧也成了云台山三元宫中的天、地、水三官的弟兄。

下面我们来说说吴承恩与花果山的关系。吴承恩是淮安人氏，而且准确地说是涟水人，他长期生活在淮安，在淮安市区至今还有吴承恩纪念馆存在呢。但是，我们从史志中获得这样的信息：明代以前，涟水曾几度归属海州，海州也曾长期归淮安府管辖。吴承恩自号叫“淮海浪士”，这个“淮”想必就是淮安，“海”就是海州吧。“淮海浪士”，一个号，竟然把淮安和海州两座城市连在了一起，把吴承恩和花果山连在了一起。

据考证，早在唐宋时期，吴承恩家族中有一个分支由淮安迁入海州和云台山。他的舅舅就曾在海州为官多年。正是因为花果山有吴承恩的亲戚，这对他来花果山游玩以及对那里地理环境的熟知，也就显得顺理成章了。云台山有一园林叫“即林园”，是吴氏家族的集聚地。这个云台山的吴氏家族是书香门第，世代居守于此。

根据史书记载，吴承恩后人曾多次去云台山拜访即林园。意外的是，后人还在那里找到了吴承恩的遗稿《仓卒未及录》及其他诗文，这也印证了吴承恩与云台山的渊源。隆庆四年（1570）任淮安知府的陈文烛，倡修《隆庆海州志》并为之作序，当时被称为淮安“高士”的涟水吴承恩为陈家座上客，可见吴承恩对海州史迹颇为知晓，对云台山的地理掌故应当很是熟悉。

如果从写作者的角度来说，西游记中的景致应该是吴承恩对生活的积累与再塑造。对花果山的熟悉，为他在小说中开展合情合理的虚实构建提供了丰厚的土壤。作为居于淮安的吴承恩，苏北境内唯有花果山与小说中的花果山相媲美，这也是唯一的结果。被大家熟知的水帘洞，想必是出自玉女峰吧。作为江苏境内最高的山峰，也许唯有这里才有因崖壁上飞泻的瀑布而形成的水帘洞。

但是，对水帘洞的解释依然解不开大家的疑惑。因为现在的花果山与海中的仙山相去甚远。这个谜团直到1983年对“发迹于唐，重建于宋”的三元宫大殿的清理时才被解开。在清理中，工人们发现了13块古碑，其中的一块石碑上刻的是清朝康熙年间的淮安知府姚陶的《登云台山记》。文中明确记载，云台山在海中，周围200余里，并且筑有三城，这个描述和《西游记》第一回描写花果山的概况较为符合。

据考证得知，康熙七年（1668），海州地区曾发生过近8级的地震，造成海岸线后退14千米；后来这里渐渐成了陆地，即与大陆相连。直到清末民初，云台山已经完全与陆地相连了。这个三元宫同样为吴承恩熟知，400多年前，他也许就是伫立在这里，构思《西游记》里那些惊心动魄的道佛大战的。

2. 孔子：九州崖佛望沧海

孔望山，在连云港市西南方。看这个名字，就可以知道这座山是和孔子有联系的。据说，孔子曾在这里观望沧海。这也符合连云港港的地理。孔子真是有眼光，站在这里观海，那真是得天独厚，从山顶上望去，沿着港口，便是无垠的海平面。“小天下”的孔子，那时候站在这座山上，又悟到了什么呢？我们再次记下这座山的名字——孔望山。

《嘉庆海州直隶州志》载："孔望山有龙洞，唐时为龙兴山。"孔望山在唐朝时叫龙兴山，宋金交战之际，义军首领魏胜在此山设兵巡望，故又名"巡望山"。

江苏境内的山，姑且不能与邻省山东的泰山相比，但是这里的人文历史同样不少。就如这个孔望山，这里有原始社会新石器时代祭海的杯盘石刻；有秦王朝的东大门遗址；有中国最早的东海神庙遗址；有迄今为止中国唯一的汉代圆雕石象；有北齐年间的千年古刹；有唐、宋、元、明各朝代官宦文豪的题刻；特别是东汉摩崖造像的发现，取代了敦煌莫高窟"中华母窟"的桂冠，证实了以孔望山为起点的"海上丝绸之路"。

这个孔望山，真算得上是国宝啊！它处于这样的地理位置，就像欧亚大陆的桥头堡，我们不能不说说这座山的神奇与未知。在世界历史上，当年东方的神奇丝绸之路，在传递文明的征程上，留下了多少辉煌的篇章啊！

史书记载，隋唐时期，"海上丝绸之路"兴盛，连云港是连接大唐和新罗、日本的重要城市，而孔望山是往来贸易的歇脚点。

现在，我们来到孔望山，可以看到山坡上立着两块不同凡响的巨石。据说这是秦始皇当年来到孔望山指定的石头——“立石为门”，为“秦东门”。这两块巨石确实不一般，其中一块在东汉时期被雕刻成一座石象。它是我国至今发现的雕刻得最完美、最古老的石象。在石象的腹部，还雕刻了一位手执鞭子驯象的俊美姑娘，满脸笑意呼之欲出。她头戴丁字型头饰，是典型的汉代姑娘服饰。面对美丽的“石中人”——汉代姑娘，我们的思绪穿越到了遥远的汉代。而另一块巨石其貌不扬，很像馒头，故称“馒头石”。“海上丝绸之路”的起点，打通海上的通道，获得的何止是馒头，应该是全天下人的幸福生活。孔望山理所当然地成为财富和幸福的象征，代表着远方和所有未知的神秘。这样一来，它就带给了当地人无穷的想象，孔望山就有了神性，受到当地一些人的崇拜，他们会跪伏在这里，面对着山，念念有词；甚至有的人家让孩子认山作干娘。种种举动无不寄托着人们在无力抵抗的灾难面前的无奈，渴望这搬不动移不走的大山，能为他们祛病消灾，更能逢凶化吉。

中国佛教协会会长赵朴初为之题诗：“海上丝绸路早开，阙文史实证摩崖。可能孔望山头像，及见流沙白马来。”这首诗印证了孔望山在“海上丝绸之路”上发挥着重要的连接作用。

在孔望山，有个景观我们不能错过，那就是孔望山摩崖造像。这一胜迹位于孔望山南麓两端的断崖上，依山就势雕琢而成。摩崖造像，按照通常历史知识来说，应该出现在汉代。孔望山这个造像，奇异的是其内容与佛教和道教有关。我们知道，道教是中国的本土宗教，迄今有1800多年的历史，创始人乃张天师。而佛教则是外来的宗教。佛教传入我国的第一座寺庙是洛阳的白马寺，这与连云港之间也有不短的空间距离。

在造像群东南侧，有一个汉代高大石象，四足均踏仰莲一朵，它体态雄健浑厚，神态温良驯善。石象身上浮雕着一个象奴，手持驯象钩。这是常见的佛家经典造型和佛事活动。石象蹄足上的仰莲雕刻，暗含着释迦牟尼“乘象投胎”的内涵，它和摩崖造像中“舍身饲虎”“涅槃图”等佛教故事共同组成了早期佛教传入、佛道交融的社会生活画面。类似的造像还有“镇海神蛙”，这一动物图腾似乎在告诉我们，古人在佛教和道教之外，也相信超自然的神灵。对他们来说，只要能免灾降福，佛祖、道尊与图腾是没有什么区别的。

据考证，孔望山汉代摩崖造像为我国最古老的石窟雕刻，其造像年代大约始于东汉。奇异的是，这些造像证实了摩崖造像群属佛道交融的产物，属于我国早期的宗教活动，改写了中国佛教史、佛教艺术史，更加确立了孔望山摩崖造像是迄今为止我国最早的佛教摩崖造像的历史地位。孔望山摩崖石刻中东汉时期佛教题材内容的发现，将中国摩崖佛教石刻向前推了几个世纪，比著名的敦煌莫高窟还早200多年，被誉为“九州崖佛第一尊”。

孔望山以摩崖造像为代表的宗教类遗迹的发现，是佛、道并存的历史证据。在佛教和道教之间，依旧以中国本土的道教为盛，这也符合佛教在中国的历史实际。道教作为土生土长的宗教，讲究的是方术神仙之学，追求的是长生不老和羽化成仙之道。道教在西汉前期一度成为治国的指导思想，在普通民众和国家层面上有着深厚的渊源。我们从山顶上那个“杯盘刻石”造像可以看出，这也是当时人们普遍祭祀道教崇敬人物的祭器。这石刻遗迹伫立于主峰顶上，人们登临山顶，俯视天下，有普度众生之感，是理想的求仙拜神和修炼成仙的圣地。

这样的地方，孔子是不会错过的，尤其是此处还距离山东曲阜不远。一生喜爱登高远眺、胸怀天下的孔子，在2500多年前到达这里。他要追问世界，追问尘世，追问人活着的意义。《舆地要览》载：“孔子问官于郯子，赏此登山以望东海，故名。又名古城山。因山畔有故城基址。”当年孔子就是在孔望山向郯子请教官职制度方面的学问。现在看到的“孔子望海”雕像，从雕像那深邃的眼神里，我们似乎都能读懂点什么。

后来，孔子多次登此山望海。孔望山固然不像泰山那般雄伟，孔子可以登山而小天下，但是远方的“海上丝绸之路”，至少是给了孔子一丝灵感的。那次登山观海是由海路登山的。孔子认为东夷不同于南、北、西“三方”，有“仁贵之化”。他来时需要乘桴槎渡海，敢于跟随他冒这个险的弟子只有武勇的、有点鲁莽的子路，所以孔子感叹说：“乘桴浮于海，从我者，其由（子路）与！”孔子在辅佐鲁定公于夹谷山会盟齐侯的时候，又再次到孔望山登高望海。登高还是观海，至今想来，孔子不是留恋山顶的风景，也许他想在春秋战国群雄争霸的纷争中、从宏大的格局中窥知世界的真相：到底如何治理天下？礼乐行不行？

传说孔子来郯国准备向东夷人传播“礼乐”，即关于礼貌的学问，却发生了一件则奇异的事情。当时的孔望山处于大海之中。孔子登上孔望山时，不知道是时间的问题还是其他原因，山脚下密密麻麻的螃蟹正沿着沙滩，向陆地上爬来。孔子有点惊愕，以为这些螃蟹是在向他挥手致敬。他对身边的弟子说：“没想到这里的螃蟹都知道礼仪，我还讲什么呢？”之后转身离去。

现在，孔望山鸟语花香，古刹钟鸣，成为历代文人登临聚会、望海怀古的地方。宁静、幽邃的孔望山，是佛道交融的灵虚圣境，更是人们乐而忘返的游乐天堂。人们登临山顶，随着“孔子观海”雕像一起，观看着如今的太平的盛世。

3. 石曼卿：石棚山上行清风

石棚山，与那些名山大川或者崇山峻岭相比，简直不值得一提。但诚如刘禹锡在《陋室铭》中所云：“山不在高，有仙则名。”这个卑微渺小的石棚山，却因为一个人而扬名江湖。这个人就是号称“酒仙”的石曼卿。他曾在海州任职多年，且与此山朝夕相伴，曾经无数次留连于此，在海州建树颇多。

海州古城有 2000 多年的历史，是连云港市的前身。秦汉时期，这里就是能泊数十只商船的开放商埠，北魏时期称“海州”，其后为历朝府、州、郡、县之治所。宋仁宗时，石曼卿曾任海州通判，是著名的文学家和书法家。石棚山位于今连云港孔望山和石屏山之间，高不过 100 米，距市区仅 5 公里，是宋代大诗人石曼卿饮酒宴乐和读书赋诗的地方。石棚山，因为这个人的名字而成为神秘的地方，到此的人都要去寻觅一番。其实这个石棚山很普通，只是山顶上一块跃跃欲飞的巨石，由三两块石头将它托起，形成了一个自然的石室，石室里配备有天然的石床石凳，可坐、可卧。石棚的一角悬空甚多，有一不小心就会坠落下来的危险，让人难免心生胆寒。石棚上还有四个字：“高行清风”，这是明代海州刺史王同所书的四个大字，是颂扬与此山同样负有盛名的石曼卿。

当然，在石棚山上，周围还有一些字，刻在堆砌的石块上，诸如“观澜”“留月”“夫容洞”（芙蓉洞）等，但是这些字因石质疏松，大多风蚀斑驳、摩挲难辨。奇异的是，纪念石曼卿的那两首诗作居然还勉强可辨。

一片寒云覆石棚，空岩花草孰知名？
何当自有山川后，千古唯闻石曼卿。

海上青山似旧时，春来何日更花枝。
东风二月江南客，谁共题君堕泪碑。

大自然确实有着种种神秘之处。因为在石棚西南不远处，悬崖的向阳处，有着一块平坦的地方。这个地方真是宿命的安排。因为这里正是当年石曼卿读书弹琴、饮酒宴乐的地方。坐在草地上，凝视着崖壁间六个擘窠汉隶“石曼卿读书处”便有了神性，让人浮想又敬畏之。一切山石，与石曼卿有了关联，石头就不再是石头了，而是有了人的性情。

石曼卿，名延年，字曼卿，生于北宋淳化五年(994)，卒于康定二年(1041)。他的祖先为幽州(今北京一带)人，因躲避北方战乱举家南迁，定居在宋州的宋城(今河南省商丘市)。

石曼卿到海州做官，实乃一段曲折故事。其实他在海州任职时，只是个小小的通判。在宋真宗时，他曾先后任过知县、大理寺评事、大理寺丞等职。后来因为在仁宗时皇太后临朝听政，引起天下人的不满，而当朝文武大臣噤若寒蝉，只有石曼卿挺身而出，冒着巨大风险，给皇太后写折子，恳请皇太后把权力还给皇上。不出所料，这引得皇太后勃然大怒。但最后石曼卿躲过一劫，因为皇太后正要处理他的时候忽然驾崩了。仁宗掌权后，对曾经支持过他的人都论功行赏，石曼卿的好友范讽也因此荣升。

谁知道石曼卿不屑这拾来的提升，反而因为这种提拔而深感羞辱。他说，自己当初的仗义执言，是为了天下百姓，不是为了向皇帝邀功。所以石曼卿婉拒了皇帝的赏赐。好友范讽认为他迂腐不堪，放着好好的官位不要。好友要为他再次请功引荐，遭到了石曼卿的断然拒绝。

然而，命运却偏偏捉弄他。范讽做京官时，爱民如子，却得罪了地方上一些官宦和富贾大户，人家怀恨在心，伺机报复。后来皇上外放范讽去兖州做官。这些人趁此机会在朝廷上参了他一本，以莫须有的罪名诬陷他低价卖官田移作私产、带走翰林院的白金数千两等。虽然这些事都是无稽之谈，但是在审查过程中，他竟然置圣旨于不顾，后因抗旨之罪还是被贬了。而石曼卿为好友范讽说了几句公道话，也受到了牵连。后来，石曼卿被从京城贬到了海州，做一个小小的通判。当然，在海州，谁又能说这是错呢？世事难料，白云苍狗。

这等为好友打抱不平之事，也只有文人才能干得出来，毕竟祸及自身不是官场的处世哲学。石曼卿是当时著名的文章高手、诗人和书法家，著有《石曼卿诗集》。正是文人气节，使得他根本就没把通判这个官位放在眼里。赴任之后，应付官场事务之余，他便寓情诗酒，放浪形骸。而这里的石棚山离海州较近，便成了他经常游乐的去处。

文人是不太适合做官的，文人自有文人的情怀。有一次，石曼卿骑马游玩，因为牵马人的失控，他不慎落马坠地，当侍从把他搀起来扶上马鞍后，人们都以为他会大发雷霆。谁知道石曼卿却慢悠悠地扬起马鞭，说："幸亏我是石学士，如果是瓦学士的话，岂不早被摔碎了？"

据史料记载，石曼卿酒量大，喝酒方式尤其别致。

北宋沈括在《梦溪笔谈》中说，石曼卿在夜里会爬上柳树，坐在枝丫上举起酒壶对月而饮，石曼卿自称这种喝法叫“巢饮”；还有一种喝法，就是把自己捆扎在蒿草之间，伸出脖子喝酒，喝醉后头往草堆中一缩，酣然睡去，这叫“鳖饮”；夜晚不点灯，与客人摸黑而饮，说是“鬼饮”；饮酒时一会儿跳到树上，一会儿又跳到地上，说这是“鹤饮”；更多的时候，石曼卿把头发披散开来，赤着双脚，脖子上戴着囚枷，去酒肆喝酒。

这种癫狂的行为，在世人看来分明是个疯子，哪里是正常人啊！更别说是官员了。奇妙的是，自有人喜欢这样的疯子。石曼卿在海州任通判时，名士刘潜曾从京城专程来找他喝酒。摆上两坛樊楼的眉寿（樊楼当时被称为“京师酒肆之甲”，眉寿是樊楼自产的天下名酒），一桌菜肴，两人便昏天黑地地喝起来。更搞笑的是，他们喝到酒酣处，因为酒喝没了，竟然开了一坛醋，继续痛饮。石曼卿、刘潜二人的这番举动可谓潇洒不羁。

石曼卿的仕途不顺。他在初登科场时卷入一场官司，被皇帝下令追回赐敕官袍。史载当时许多人都号啕大哭，只有石曼卿从容解下靴袍归还使者，若无其事，笑语如故，全然不当一回事。这样豁达的胸襟和气魄实在令人赞赏。石曼卿在石棚山读书，取名石棚，隐喻当时的时局摇摇欲坠，而他就在这种境遇下读书，是否暗藏着几分“处江湖之远则忧其君”的忧思。

也许石曼卿率直烂漫、洒脱不羁，不易被世俗所接受，但是，命运却丝毫没有冷落过他。他的性情深深吸引了北宋大文豪苏轼和欧阳修。要知道，这两位大文豪也是性情中人。

北宋熙宁七年(1074)八月，苏东坡由杭州调往密州(今山东诸城)，赴任途经海州时，慕石曼卿之名，特地登上石棚山，因为这里有种文人之间互相取暖的感觉。苏轼在《和蔡景繁海州石室》中写道：

芙蓉仙人旧游处，苍藤翠壁初无路。
戏将桃核裹黄泥，石间散掷如风雨。
坐令空山出锦绣，倚天照海花无数……

苏轼在诗中说，石曼卿在海州做官时，那时候石棚山上还是苍凉一片，唯有蔓草肆意生长。谁知道石曼卿突发奇想，叫人用泥巴裹着桃核，向崖上人迹难至之处抛掷。桃核以黄泥为依托，生出幼芽，将纤细的嫩根扎入石缝。数年后，待到春暖花开之日，空山里崖上崖下，到处嫣红翠绿，映天照海，灿若云霞。

其实，苏东坡是在记述石曼卿在山顶种桃树的故事。这距离石曼卿的故事发生的时间已有三四十年了。

让人惊奇的是，他不在官场探讨为官之道，反而留恋山水景色，靠近自然，远离俗世红尘。一颗文化人的心始终没有改变。

说来石曼卿也是幸运，当他官至太子中允、秘阁校理时，结识了大文豪欧阳修。当时欧阳修也在替皇家整理图书和校订史籍，两人结为至交。石曼卿“未能尽其材”而早逝，令欧阳修黯然落泪。欧阳修“感念畴昔，悲凉凄怆”，情动于衷，写下一首《哭曼卿》：

嗟我识君晚，君时犹壮夫。
信哉天下奇，落落不可拘。
轩昂惧惊俗，自隐酒之徒。
一饮不计斗，倾河竭昆墟。
作诗几百篇，锦组聊琼琚。
时时出险语，意外研精粗。
穷奇变云烟，搜怪蟠蛟鱼。
诗成多自写，笔法颜与虞。
旋弃不复惜，所存今几余。
往往落人间，藏之比明珠。
又好题屋壁，虹霓随卷舒。
遗踪处处在，余墨润不枯。
朐山顷岁出，我亦斥江湖。
乖离四五载，人事忽焉殊。

归来见京师，心老貌已癯。
但惊何其衰，岂意今也无。
才高不少下，阔若与世疏。
骅骝当少时，其志万里途。
一旦老伏枥，犹思玉山刍。
天兵宿西北，狂儿尚稽诛。
而今壮士死，痛惜无贤愚。
归魂涡上田，露草荒春芜。

我们对欧阳修是熟悉的，那篇《醉翁亭记》，可谓千古名篇。当欧阳修到亳州做太守时，恰好石曼卿所葬之地就在其管辖范围内，于是欧阳修派人为石曼卿修墓，并亲到墓前祭典，并作祭文曰：

呜呼曼卿！生而为英，死而为灵。其同乎万物生死，而复归于无物者，暂聚之形。不与万物共尽，而卓然其不朽者，后世之名。此自古圣贤，莫不皆然。而著在简册者，昭如日星。

呜呼曼卿！吾不见子久矣，犹能仿佛子之平生。其轩昂磊落，突兀峥嵘，而埋藏于地下者，意其不化为朽壤，而为金玉之精。不然，生长松之千尺，产灵芝而九茎。奈何荒烟野蔓，荆棘纵横，风凄露下，走磷飞萤，但见牧童樵叟，歌吟而上下，与夫惊禽骇兽，悲鸣踯躅而咿嘤！

今固如此，更千秋而万岁兮，安知其不穴藏孤貉与鼯鼪？此自古圣贤亦皆然兮，独不见夫累累乎旷野与荒城！

鸣呼曼卿！盛衰之理，吾固知其如此，而感念畴昔，悲凉凄怆，不觉临风而陨涕者，有愧乎太上之忘情。尚飨！

《祭石曼卿文》后来被收入了《古文观止》。要知道，文章能被收入此书比登蜀道还难。大文豪欧阳修一生也只有13篇入选，其中竟有2篇与石曼卿有关，另一篇是《释秘演诗集序》。虽说是为秘演的诗集作序，实际上文中谈得更多的还是石曼卿。

在欧阳修笔下，石曼卿容貌伟岸，为人耿介，“轩昂磊落，突兀峥嵘”，“廓然有大志”；不肯趋炎附势，屈身求荣。说他酒量特别大，终日畅饮，不见醉意，因之被人誉为“酒仙”。

这和尚秘演也是石曼卿的老友。欧阳修认为两人同属于“智谋雄伟非常之士”，由于“无所用其能者”，所以“曼卿隐于酒，秘演隐于浮屠(庙宇)，皆奇男子也”。

关于好喝酒的事，明代小说家冯梦龙编纂的《古今笑史》也有所记载。说秘演和石曼卿两人十分畅聊。秘演是山东人，好酒善诗。而石曼卿做官，也是两袖清风，连喝酒的钱都很难拿出来。石曼卿对秘演说，什么时候可以痛痛快快喝次酒呢？秘演一听乐了，说：只要你愿意，这事没问题。谁知道，过两天秘演真的领来一个要请石曼卿喝酒的人。此人是石曼卿的“粉丝”，姓牛，是个管文书的监簿官。牛监簿以宫里用的美酒十担为见面礼，并邀请石曼卿和秘演到他家去喝酒。

石曼卿欣然应邀。三个人从早上一直喝到太阳落山，意犹未尽。曼卿趁着酒兴说：“此行可纪！”乃用大笔蘸盆墨，在繁台的粉墙上写道：“石延年同空门诗友老演登此。”酒可不是白喝的。喝到兴处，这个牛人开腔了。秘演没告诉石曼卿，此人肚中无墨水，时常遭到同僚们嘲笑，当然，他的所谓官职也是花钱买的。为了附庸风雅，不惜请石曼卿喝酒，以求在一些文字旁留有自己的名字，算是抬高自身地位。

这时石曼卿已醉，他眯缝着眼对秘演说，喝人嘴短，只好成全他了。竟提笔在后面加上：“牛某捧砚。”

石曼卿在海州留下的唯一的诗，是刻在飞泉郁林观小碑林中的刻石，其诗曰：“上蹲狮子石，下有濯缨泉。石崖对镌磨，唐宋留二贤。大暑日不到，银河倾九天。花气晓熏谷，春水如佩悬，坐久捐挨尘，冠弁斯泠然。”观其诗，清绝自然，才情极高。

至今，我们从这些摩崖石刻上亦可看出，古海州人民对石曼卿十分景仰，并把石曼卿在海州的为官时光视为地方上的千古荣耀。

4. 李汝珍：镜花缘里贴花黄

连云港有两座文学高峰，一是吴承恩和他的《西游记》，另一个就是李汝珍与他的《镜花缘》。

李汝珍，字松石，号松石道人，祖籍直隶（今北京）大兴，清代小说家。师从凌廷堪学习古代礼制、乐律、历算、疆域沿革，尤其对疆域沿革特别感兴趣。他 19 岁随兄长李汝璜到海州（即今连云港），除期间两次去河南做官外，一直居住海州。由于他对八股文不屑一顾，且生性耿直，不阿权贵，不善钻营，始终没有谋到像样的官职，最大的官也就是做过河南某县的县丞，但他学识渊博，精通音韵，青少年时代就有著作《李氏音鉴》问世，实属罕见。中年以后，他感到谋官无望，便潜心钻研学问。他的好多作品都是在海州完成的，尤其是传世名作《镜花缘》。此书是他在海州地区博采地方风物、乡士俚俗和古迹史乘，花费 30 年心血而写成的古典名著。

这是连云港不可多得的一笔宝贵的历史财富。海州人为了纪念李汝珍，特地建造了一座“李汝珍纪念馆”供人瞻仰。从某种意义上说，作为生活了 30 年的海州，这里可以说是李汝珍的第二故乡了。不知是山的高耸还是海的辽阔，给了李汝珍的灵感和写作空间，他从山水之观里，悟透一部奇葩的作品来。

李汝珍大半生是依靠着他哥哥的接济在板浦度过的。这样一来，他的创作必然会打上生活的烙印。大海和云台山的山光水色，板浦的风土人情和方言民俗，都成了他创作《镜花缘》的背景和素材。当然，谁也不承想，一部《镜花缘》竟造就了海州地区千古的历史文化之脉。

《镜花缘》第一回就说，海中有三座名山——蓬莱、方丈、瀛洲。前来蓬莱山的百草仙子提到过“小蓬莱”，这个“小蓬莱”其实就是云台山的写照。这与他长期的生活，对云台山地区熟悉有关，李汝珍在创作中不由自主地把书中的山景写成云台山的面貌。在云台山的延福观庙后的竹林中，至今还留有古代“小蓬莱”摩崖石刻，而李汝珍在《镜花缘》中把“小蓬莱”描绘成从人间飞升天庭的必由门户。如果我们再仔细比对的话，就会发现书中的“镜花缘”群山丛叠、松林密布，溪涧深邃、鸟兽成群，完全是云台山的景致，丝毫不差。

除了景色之外，对海州的印记还有方言。板浦地区有不少方言，在李汝珍的书中也有涉猎。张训先生在《〈镜花缘〉海、灌方言浅释》一文中谈道：“《镜花缘》里所用的海、灌方言近二百条”，如“坑死人”“对（音豆）人心路”“出室”“三朝”等。第二十二回中写道："还有平时做的打油诗、放屁诗，零零碎碎，总算就了饭吃了。""就饭"也是海州地地道道的方言，此等词语还有"就菜"等，其实意思就是吃饭吃菜的意思。这样的词语在《镜花缘》中多次出现。还有风俗记述也是俯拾皆是，在后50回里，民俗方面的描写更是广泛。第二十七回写道："他如请我医治，也不须服药，只消把他懒筋抽了，再把馋虫去了，包他是个好人。""懒筋""馋虫"等词语，来源于海州地区流传的"给猫抽懒筋"的说法，以及当地人吃东西吃得上瘾却没过瘾的时候，就会说"打发馋虫"的口头禅；第四十五回写林之洋跳海被救起，与海州地区乡下人抢救落水人的情景也是一致的；第九十一回写道："葛根最解酒毒……惟有海州云台山所产最佳"；第二十回里，李汝珍把海州地区广为流传的"胡滔天"的故事原型，通过艺术加工改编为一段海外奇谈等。

《镜花缘》诞生于古海州这块历史悠久、文化底蕴淳厚的古老土地上，书中反映了大量古海州的山水风光和人情习俗，在成为一部不朽名著的同时，分明也是一部描绘海州地区的风俗画卷。

李汝珍19岁随大哥李汝璜来到海州，其时他大哥供职海州，就居住在板浦场盐保司大使衙门里。实际上后来李汝珍的大哥也到过外地做官，但是居住场所一直是海州，就没有换过。不知道是海州的风情还是其他原因吸引了他们一家，但有一点可以肯定，那就是安定的生活环境给予了李汝珍有利的学习条件。李汝珍投身于经学大师凌廷堪门下，与乔绍傅、乔绍侨、许乔林是同窗。这一学习不要紧，后来的李汝珍通过许乔林结识了其堂姐，并娶之为妻。也许这就是李汝珍和其大哥一家不肯离开海州的原因之一吧。

李汝珍不仅是作家，还是围棋高手，且精通音律。尤其是围棋，他曾于乾隆六十年（1795）在海州举行公弈，与九位棋友对局；后来还把各位名手的对弈辑录成册，取名《受子谱》。一个作家，居然在棋艺上达到这样的高度，真是让人惊叹。

当然，李汝珍的最大成就还是他写出了经典名著《镜花缘》。应该说这部书是海州土生土长的，耗尽了作者30余年的心血。书中记录古海州地区的风物民情、乡土俗语和历史古迹等。《镜花缘》刊印后，得到外界广泛关注和赞誉，评价颇高。鲁迅在《中国小说史略》中称之为能“与《万宝全书》为邻比”的奇书。苏联女汉学家费施曼说该书是“熔幻想小说、历史小说、讽刺小说和游记小说于一炉的杰作”。《镜花缘》已被译成英、俄、德、日等文字出版。

《镜花缘》这部传世之作，是李汝珍晚年的作品，原本打算写200回，但是只完成了100回。书的前半部分主要写唐敖、多九公等人乘船在海外游历的故事，包括他们在女儿国、君子国、无肠国等国的经过。后半部则写了武则天科举选才女，由百花仙子托生的唐小山及其他各花仙子托生的100位才女考中，并在朝中有所作为的故事。神奇科幻般的创作方法，在浪漫主义的色彩中数经引典，描绘了一幅色彩斑斓、瑰丽辉煌的天轮图。

《镜花缘》是李汝珍花了数十年心血才完成的，这本书引用了《山海经》中的《海外西经》《大荒西经》的一些材料。该书征引浩博,学问涉及琴、棋、书、画、医、卜、星相、灯谜等。在小说中“论学说艺，数典谈经”，同时还包含了新颖的思想和新奇的想象，在我国小说史上占据了一席之地。当然，这部小说也不是十全十美的，例如小说人物的性格刻画不够鲜明，侧重于知识的堆积和炫耀，人物形象没有凸显出来。所以鲁迅也曾说过“小说又复论学说艺，数典谈经，连篇累牍而不能自已”。

李汝珍生活的时代是鸦片战争的前夕，正是清朝从兴盛走向衰落的最后的落日辉煌。当然，清王朝的腐朽、衰落，并没有影响清代小说的兴起，就在这颓败里，文学获得一种坚韧的力量，而且达到了相当高度。其中最有成就的文学家就是曹雪芹以及长篇小说《红楼梦》。曹雪芹的生命是短暂的，但是，他依然写出流传千古的著作，震古烁今。虽然他只写出了前80回，有些遗憾，但就是这80回，已经矗立起了中国文学的巅峰，为人类留下一块文学的瑰宝。

是历史的巧合，还是冥冥之中的宿命？李汝珍出生的那一年，正是曹雪芹去世的前一年。这是否是文脉的一种继承与新生？两个大文豪，就这样在时空里对接上了。当史诗般的如椽巨作在20年后的民间广为传颂时，我们的文学新星此刻正在随着出外做官的板浦盐课司大使的哥哥李汝璜，沿着京杭大运河，借着客船风尘仆仆地向海州板浦进发。

乾隆四十八年（1784）一个风和日丽的日子，他们踏上了板浦的土地。板浦小镇虽小，但也有大的地方，就是那条河流，因为沿着河流向前，就是开阔的大海。从河岸上看去，似乎更加印证这个小镇的内涵，清波拍打的堤岸上，店铺毗邻，商贾辐辏。来自四面八方的商船早已挤满了水面，各种商贾叫卖，热闹非凡。小镇板浦，因为靠海的缘故，用那海纳百川的胸怀，把这里打造成商贾中心、物流中心。我们可以从地理上猜测，连云港作为欧亚大陆的桥头堡，当时世界各地的商贾估计都曾来过这里。板浦，不再是海州的一个小镇，而是属于世界的一个小镇了。这无疑为李汝珍的小说开阔的空间留下了伏笔。“穿海州，吃板浦”的俗语更让板浦的名字播扬天下了。

正是这个浓缩世界的板浦小镇，给了李汝珍看世界的微观视野。现今，当我们捧读起这本《镜花缘》时，我们看到的是他对海州地区世态人情刻画的深刻细腻，诸如傲来国的风俗，女儿国的奇才，君子国的谦逊等,《镜花缘》不仅反映了当时的社会生活，也揭示了李汝珍对心目中的理想社会的期待。由此,《镜花缘》无愧为清代文学中一株闪亮的奇葩。

《镜花缘》是李汝珍晚年的作品。原本李汝珍年轻时就不是什么达官显贵，也没有显赫的社会地位，一直跟着哥哥生活。到了晚年，据说生活更加穷困潦倒。在清朝时期，小说是不被人看好的，纯粹是闲书。在八股文盛行的年代，一切都向着功名看齐。虽然他的小说有很多人看，可惜没上市就被盗版了。然而，就是在这样的时代背景下，李汝珍写出了流传千古的经典著作《镜花缘》。

这注定是一个悲剧，不仅属于个人的悲剧。在海州孔望山上，有个门楣，上面刻着许多题名碑。其中一块刻着:“吕星垣、王良士、许乔林、包世臣、钱泳来。”还有一块刻着:“嘉庆二十一年（1816）八月二十日，朝议大夫知海州事韩城师亮采，祭龙神庙过此，与僚佐同登，爰记岁月。”这两块碑上的6个人，都是与李汝珍同时代的著名文士，他们之间是经常有沟通和交往的，肯定是互相认识的。更且许乔林和李汝珍两人还是姻亲。朋友加亲戚，就是这样的关系，在石刻上，居然没有李汝珍的名字。

当然，多少年后的李汝珍是很有名声的。李汝珍的不出名或许与当时海州板浦这个小镇有关系。因为当时这个小镇也是文人名士众多，李汝珍估计排不上号。和他同时代或者差不多时期的就有著名经学大师、音律学家、曾参与《四库全书》编写的凌廷堪，著名学者吴恒宣、程枚、乔绍福、吴振勃等几十位，特别是经学大师凌廷堪，更是著名当时。

历史总是惊人的相似。曹雪芹最后是穷困潦倒，李汝珍也未能逃出此劫。好友萧荣修写道：“闻说成书二十年，穷愁兀兀剧堪怜。”另一位好友孙吉昌曰：“……而来不得意，形骸将就衰。耕无负郭田，老大仍驱饥……穷愁始著书，其志良足悲……”《镜花缘》的作者，就是在无田无产、饿着肚皮的情况下著书，一写就是几十年，这就是晚年的李汝珍。呜呼！一部文学问鼎之作的作者“诗穷而后工”，非得历此困境？愿这部惊世之作《镜花缘》抚慰之。

（杜怀超）

“海上丝路”的华丽背影——登州港

古登州地处山东半岛，自唐高祖武德四年（621）在文登始设登州。唐中宗景龙元年（707），登州被移到了蓬莱的管辖范围内，蓬莱设为县；到了明、清时候，登州升格为府，府治在蓬莱。清代的登州府下辖蓬莱县（今烟台蓬莱区）、黄县（今烟台龙口市）、栖霞县（今烟台栖霞市）、招远县（今烟台招远市）、莱阳县（今莱阳市和莱西市）、福山县（今烟台福山区、芝罘区）、文登县（今威海文登区和环翠区）、荣成县（今荣成市）、海阳县（今海阳和乳山市西部）共9县，并辖宁海州（今烟台牟平区和莱山区）1个散州。到1913年撤府为止，作为一个行政单位，登州在历史上存在了1293年。

神秘的海边，以及更为神秘的海的另一边，以古登州港为起点，人类最初是如何穿越风浪，蹚出一条海路的？这是一个千古之谜，留给后人无尽的想象。

古登州见证了东方“海上丝绸之路”的兴衰史。

1. 此地蓬莱

说起登州古港，通常含有广义与狭义两个概念。从广义来说，包括古登州所辖区域内的所有港口及沿海诸岛的港口，包括今天的蓬莱、长岛、龙口、福山、芝罘、莱山、栖霞、招远、莱阳、莱西、文登、乳山、海阳、荣成、牟平。古登州海岸线绵长，沿岸海湾密集，又有众多的内河入海，形成了许多天然海口，诸如芦洋、平畅、刘家旺、芝罘海口、八角海口，以及沙门岛（庙岛）和刘公岛海口。沙门岛曾被称为登州大港的“外港”，每当船只遇到特殊情况难以靠岸的时候，通常都会驶向沙门岛停靠。

从狭义来说，登州古港即旧府城以北丹崖山下的水城海港。这里地处山东半岛北部，北面隔着渤海海峡，紧邻辽东半岛，东面与日本遥遥相望。自古以来，登州就是“海上丝绸之路”的重要港口，特别是在与韩国、日本等国家的贸易交流中起到了重要的桥梁作用。

中国最早的丝绸纺织，是从东周时期的莱国开始的。莱国是莱夷建立的古国，畜牧业、渔业和盐业都很发达，一度对齐国造成威胁。相传当年姜太公到齐国上任途中，旅店主人见他行动迟缓，就说："东边的莱侯要来与你争国，你却睡得挺安稳啊。"姜太公听了这话，连夜收拾行装赶往封地，天亮时刚到营丘，恰好莱侯的军队也到了，双方开始了争夺营丘的战争。

齐灵公十五年（前567），齐国灭了莱国。有的研究者认为，齐国的强大，与它吞并莱国是有很大关系的。莱国物产丰富，是最早的丝绸发祥地，还发明了炼铁术，拥有世上最大的粮仓和最多的骏马。齐国老百姓穿着华丽的衣服，其他国家需要的布料和丝帛基本上都靠齐国供应。汉代永光四年（前40），牟平一带收获了1万余石的野蚕茧，制成很多丝絮，史书上也当成一件大事来记载。考古发现，养蚕和丝织技术在秦汉时就已经传播到朝鲜与日本。在朝鲜平壤的1000多座汉墓中，曾出土了大量中国丝织品。

在古代，以中国为起点的"丝绸之路"主要有三条。第一条是陆路，从长安出发，沿河西走廊西行，一直通向中亚细亚，最后到达地中海东岸。这条古道，是中国在汉唐时期开辟的一条重要商路，南方海运兴起之前，它是中国和西方进行政治、经济、文化交流的唯一通道。第二条是南方“海上丝绸之路”，也叫“陶瓷之路”“香药之路”，经由杭州、宁波、泉州、广州等处出海，通向琉球、南洋、印度、中亚和欧洲等地。这条“丝绸之路”在唐代初步形成，随着指南针被发明，以及郑和率船队七下西洋，“海上丝绸之路”得到了延伸。第三条“丝绸之路”向东，以胶东半岛北部沿海为起点，经庙岛群岛、辽东半岛入朝鲜半岛直至日本。这条“丝绸之路”多半以朝贡和外交为主，素有“贡道”之称，大概形成于商末周初，被史学家称为“东方海上丝绸之路”。这个称谓，意味着中国最初与朝鲜、日本的文化交流和经贸往来是以丝绸为媒介的。无论官方还是民间，在这条海路上向外输出的，大多是丝绸类纺织品及其生产技术。据日本《姓氏录》记载，仁德天皇曾把移入的秦人安排到各个郡县从事养蚕织绸业，当地的养蚕和丝织技术由此得到很大发展。日本想要通过发展丝织业来改善民众生活，所以很重视从事这一技术的秦人和汉人。这在很大程度上刺激了更多懂得养蚕织绸技术的烟台百姓移居日本。

中、日两国之间直接的丝绸朝贡贸易始于三国时期。三国时魏明帝景初三年（239），日本女王首次遣使到洛阳“朝献”礼品，魏明帝回赠了精美丝织品，无论是品类还是数量和质量，都远远超过日本的贡品。这是中国丝织品作为外交上的交换礼品而传入日本的最早记载。

隋王朝结束了近300年的南北分裂局面，开始注重加强与周边邻国的交往。唐代，中外交往日趋频繁，而且层次越来越高，规模越来越大。这一时期，日本掀起了学习唐朝文化的热潮；新罗统一朝鲜半岛，结束了高丽、百济、新罗三国鼎立的局面，和唐朝的来往更加密切。新罗的商船，经常会开到登州港。烟台地区与朝鲜、日本文化交往的广度和深度都超过了以往。

蓬莱水城清淤时，发现了4艘大型海船，其中2艘是宋代的货船，同时发现了大量宋元明清时期的瓷器和高丽瓷器、日本瓷器。可以想象，往来于北宋与高丽之间的这条海上通道曾是多么的繁忙。

在胶东一带，古时有“三神山”的传说，认为海中有蓬莱、方丈、瀛洲三座仙山。他们这样讲，是有“现实”依据的，因为胶东一带常有海市蜃楼奇观，在科学不发达的年代，人们无法解释这种现象，只能借助于想象。再者，距离登州不远处，是庙岛群岛，再远的还有日本诸岛。当时渔民出海，一定是见过这些岛屿的，他们在向别人讲述的时候，对于其中解释不清的部分，难免就赋予了一些神秘色彩。在上古之人眼中，大海是一个充满了黑暗恐怖的地方，他们认为中国四周有海环绕，所以称中国为“海内”，称外国为

“海外”。“三神山”的传说，包含一种拓展了的对于世界的认知，他们觉得大海的彼岸还有很大的疆土，属于另一个同样的现实世界。后来，在方士们的讲述中，便将海中岛屿演化成了“三神山”。但在现实中，所谓“三神山”，关于方丈和瀛洲的具体记载很少，人们谈到仙境，更多的是指蓬莱。

蓬莱，作为神山的名字，最早见于《列子》《山海经》等典籍；作为确切的地名，始于西汉。汉武帝刘彻走到这里，寻访神仙而不遇，便筑起一座小城，冠之以“蓬莱”，于是有了这一地名。因为秦皇汉武的求仙传说，“蓬莱”从出现的那一天起，就与神仙结下不解之缘，成为“仙山”和“仙境”的代名词。所谓“仙境”，是对于现实而言的，或者说，它是对于现实的一种认知，一种态度，一种言说。人们对仙境总是寄寓了美好的难以实现的诉求。从唐初开始，作为军事建置的“蓬莱镇”和行政建置的“蓬莱县”正式成立，由“神山蓬莱”落实到了“人间蓬莱”。到了宋代，蓬莱的丹崖山上建起蓬莱阁，虚无缥缈的仙境成为一个具体可感的所在。

东夷海边是神秘之地。每天生活在这里的人，并没有觉得神秘，日常的生活将神秘感消解得几近于无，当习以为常的生活被外力打破时，那种神秘又会以一种更加神秘的方式显现，面孔竟然变得越发清晰起来。

北宋神宗元丰八年（1085）七月，苏轼在被贬5年后，朝廷重新起用他担任登州知州。他抵达登州任上才5天时间，又接到朝廷任命他为礼部员外郎的诏书，只好匆匆离开登州，踏上进京之路。就是在这么短的时间里，苏轼深入了解民情，两次登临丹崖山，连上两道奏章，写下了著名的《登州海市》。

一个人与一座城的相遇和相知，留下千古佳话。他的苦闷，他的旷达，他对于登州这个地方的理解，以诗文的方式流传下来，成为这座城市历史文化积淀中最耀眼、最有分量的一部分。

明太祖朱元璋主动与周边国家交好，明确反对元朝以武力征服他国的那种做法，特将朝鲜、日本等周边15个国家列为“不征诸国”。周边国家也主动维持和明朝的友好关系，如朝鲜不仅逢年过节遣使朝贺，还派遣贵族子弟过来学习文化知识。朱元璋很体谅他们，多次下诏减少朝贡的次数，贡物也不要太奢侈。从朝鲜《李朝实录》的记载看，仅洪武年间（1368—1398），朝鲜使者到登州就有几十次，可见当时官方往来之频繁。

明朝初年，由于元朝的残余势力还占据辽东，中朝之间的往来多经胶东半岛的登州。但朝鲜入华希望走陆路，因为走陆路既没有海上风浪的危险，又可避免海上倭寇的骚扰。朱元璋没有同意，只许他们由登州上岸，再由陆路到南京。明朝定都北京以后，这条古老的海上航线几经变迁，直到明亡之前，它一直都是中朝官方交流的主要路线。明朝对朝鲜的朝贡采取了“厚往薄来”的政策，回赐物品的数量和价值都大于他们带来的贡品。除此之外，还对他们私自带来贸易的物品采取了免税政策，有人建议对他们携带的私货征收税款，明太祖朱元璋不同意，不仅不征税，而且对他们携带中国物资出境也不限制。当时，中朝之间无论官方还是民间的贸易往来，丝绸和棉布都占很大比重。朝鲜的布料细密柔软，深受明朝人欢迎，不仅获准输入明朝市场，交易不限，也成为历年进贡的大宗，列在贡单首位，多达百匹甚至上千匹。

清朝时期，因东北到朝鲜的陆路畅通无阻，再加上实施海禁，通过胶东沿海与朝鲜官方的往来被迫停止，但是民间交往从未间断，他们以捕鱼、采药的名义进行贸易活动。由烟台先民开创的这条“东方海上丝绸之路”，走过了两千多年的时光。

2.“东方海上丝路”的探路者

登州的历史沿革，行政区划分分合合，再加上命名变来变去，感觉很是缭乱。春秋时期，在齐国灭亡莱国之前，登州一带是属于莱国的，当时的莱国都城大约在今天龙口的归城，古登州的前身距离此处不远。

徐福是战国时期齐地琅琊郡(今江苏省连云港市赣榆区金山镇徐福村)人，秦代著名方士，相传也是鬼谷子先生的关门弟子。他博学多才，通晓医学、天文、航海，在沿海一带民众中名望甚高。

在徐福故里是可以经常看到海市蜃楼的。徐福后来选择了用海市蜃楼一样的想象来应对最严酷的现实，而雄才大略的秦始皇也臣服于这个来自齐国的方士所描述的想象。在盛行方士的东莱，徐福有着与他的方士同行们不同的大构想，他既不满足于作为一个方士所期待的那种被欣赏被器重，又不畏惧当时最为恶劣的社会环境和政治压迫，他以勇气和智慧去解除自己的困境，践行自己的抱负，使自己与其他方士区别开来，甚至，使自己所创造的避乱世于一隅的“小环境”与当时动乱的社会大环境区别开来。与徐福同时代的方士，还有卢生、侯生等人，他们不仅通晓方术，而且熟知天文地理及航海知识。他们抓住秦始皇性格中的某些弱点，以入海求仙为名，骗取巨量钱财，大肆挥霍。他们知道找不到长生之药将会面临什么样的后果，却没有为自己准备一条切实可行的退路，而是采取了各种欺骗手段跟秦始皇周旋，甚至诽谤秦始皇。为了逃避惩罚，他们狼狈逃亡。与他们相比，徐福更决绝、更智慧、更有远见和胆识，他漂洋过海，从海上开创了一条路。

他是"东方海上丝绸之路"上最早探索海洋出路的人。

一直向东走。在那个遥远的年代，人们常常止步于海边。而徐福，是突破大海的第一人。依靠简单的航海工具，他在波浪之间寻找路，在海的尽头开拓了另一个空间。这是一次伟大的出走，比郑和下西洋和哥伦布发现新大陆都早了一千多年，他走过的是一条前人没有走过的路，甚至可以说，是一条前人不曾想过的路。

之前，他的先人曾经走过一条东迁之路。关于莱国东迁的路线，史书并无记载，大概是沿着海边走的。因为海边有很多河流的入海口，有水可供人畜饮用，还有丰富的海产可以充饥。那时很多地方根本就没有路，沿着海边走，起码不至于迷失方向。到了后来的徐福东渡，不仅路线扑朔迷离，就连出发地和落脚地至今还存有争议。关于这次出走，《史记》是有明确记载的，但是从哪里启航，最终到了哪里，并无详尽记叙。"得平原广泽，止王不来。"寥寥数语，留给后人无尽的想象。据考古发现，日本和朝鲜都发掘出了我国春秋时期的大量古物，这说明 2700 多年前，已有人走过通往朝鲜半岛和日本的航路。

在大海之上，他蹚出了一条路。

出走是艰难的。更为艰难的是，出走以后再该如何？徐福要克服路上的问题，抵达目的地后还要重建新的生活。这牵扯很多具体的问题，是一件高风险的事。作为一名方士，徐福对此显然是知晓的，他对于自己的去向，有着理性的认知和缜密的谋划。一个对国家和社会现状具有清醒的认识，且知道自己该干什么、能干成什么的人，即使在当下也是大智者。徐福以寻仙求药为由，率3000名童男童女，加上百工和弓箭手，大约要在1万人以上，浩浩荡荡、名正言顺地从秦始皇眼皮底下出走了。其实，仅从这支出走队伍的结构和组成来看，移民倾向是很明显的。徐福把这些缜密周到的准备，归结为祭献神仙的需要。这个理由契合了秦始皇追求长生不老的心思，获得了他的信任。秦始皇因为寻求长生不老之药，已经上当受骗很多次了，以他的警觉，对徐福的大动作理应有所质疑，但他最终选择了信任。他迫切寻求长生不老的药，恰恰反证了他当时的身体状况，这是他最大的心病。他是有些急切的，以至于死在寻求长生不老药的途中。

距离徐福最后一次出海几十年后，汉武帝也派人到东莱郡寻仙求药，并且先后8次亲临东莱郡，方士少翁、栾大等人设置了各种骗局，最终被识破，搭上了性命。汉武帝最终“刹车”了，宣布停止求仙活动。他没有像秦始皇那样死在寻求长生不老药的路上。

徐福东渡是当时皇帝关注和参与的大动作，涉及数千童男童女，船队浩浩荡荡。就是这样的一段史实，开头和结局却是扑朔迷离的，究竟从哪里启航，去到了哪里，这都成为千古奇谈和不解之谜。直到今天，后人还在争论徐福东渡的出发地。其实，汲取徐福东渡的精神启迪，或许比所谓出发地的争论更有意义。在那样的社会环境中，作为一个能够洞悉社会秘密的人，究竟可以做些什么，能够做些什么，这或许更有意义。他做了一件同时代人无法理解和想象的事。不但当时的人无法想象，即使是在千年之后，他的出走仍然是一个谜。

历史的神秘感，既有其自身的神秘，亦与后人的赋予有关。倘若层层剥去所谓神秘的外衣，最终裸露出来的，却是言说者之所以言说的最初动机。徐福东渡，既完成了对秦始皇暴政的抗争和逃避，同时客观上也在出走的过程中实现了对大海的探索，走出了一条前人没有走过的路，具有双重的意义。

他们不甘心把生命囿于一处。他们在行走的过程中，建构了与世界的联系，同时也完成了对于道路的发现和拓展。看大海，我们似乎看到徐福的背影。

唐高祖武德四年（621），胶东半岛的东莱郡改称“莱州”，文登县、观阳县从莱州分离出来，设置了登州。时过6年，唐太宗撤销登州建制，登州所属重新并入莱州。武则天时代，莱州再次被分为莱州和登州二州。新设立的登州，管辖范围大致相当于今天的烟台和威海地区。到了 1913 年，民国政府取消府、州建置，登州从此退出历史舞台。

登州港与明州（今宁波）、泉州和广州各港，并称“中国四大古港”。登州的特殊性，与庙岛群岛有很大关系。庙岛群岛距离蓬莱的最近距离不足 4 海里，距辽东半岛的大连老铁山也就 22 海里。若干个散落海中的岛屿，像一条链状桥梁，把两个半岛联系起来，也把海路分割成了若干段，在航海技术尚不发达的年代，这让最初的远航成为可能。考古已证实，早在四千多年前的龙山文化时期，山东半岛就通过庙岛群岛与辽东半岛和朝鲜半岛有了文化往来。一叶扁舟，从登州北行，庙岛群岛的许多岛屿既可视为海上地貌标识，又可作为天然的“休憩站”，进入辽东海域以后，再“循海岸水行”，沿朝鲜半岛西海岸南下至日本九州岛，船上的视野始终不离陆岸，不易迷失方向，一旦遇到风暴或紧急情况，还可尽快靠岸避险。

唐会昌五年（845）六月，日本圆仁和尚一行到了楚州，也就是今天的江苏淮安，想要在那里搭船回国，却被地方官员以楚州“未是极海之处”为由拒绝，要求他们必须到登州办理手续。不仅如此，他们在楚州的停留时间也受到了限制，只好沿海岸线北上。他们到了海州（今连云港）州治所在地朐山县，到县衙要求“从此发归本国”。县衙答复说，近期有新罗僧也想从这里过海归国，没有得到州里批准。圆仁和尚一行又到海州请示，也没有获得批准。他们只好继续长途跋涉，折腾了一个多月，终于到达登州，办妥出关手续，又在登州等待了两年时间，才搭上归国船只，回到日本。这是日本圆仁和尚在他的《入唐求法巡礼行记》中的记载。圆仁是高僧，他的师傅是广智，广智的师傅是道忠，而道忠的师傅就是著名的鉴真大师。圆仁在中国求法十年，足迹走遍半个中国，他所写下的《入唐求法巡礼行记》，与中国玄奘和尚的《大唐西域记》，意大利旅行家马可·波罗的《东方见闻录》，被称为“世界三大旅行游记”。从圆仁的这部著作记载来看，他在登州的活动范围主要涉及蓬莱、牟平、黄县和文登四县，通过他路经登州的活动及见闻，我们可以看到一个“外来者”眼中的唐代登州社会状况。他在书中详细写下了在中国的经历，文字客观冷静，有些地方难抑好感，但在归国问题上，他在沿海地方连续三次被拒，以至于在登州等了两年时间，才最终搭上新罗商人的船。这也映照了另一个史实，在唐初，登州港是中国北方唯一的通关口岸。当时国家对外的通关路线主要有七条，而海路只有两条，一条是南方从广州出海到南洋诸国的，另一条就是北方从登州出海至辽东半岛和朝鲜半岛的“登州海行入高丽、渤海道”。高丽，当时占有朝鲜半岛北部及辽东半岛部分区域。渤海，指渤海国。唐朝时，渤海国在今丹东、长春、哈尔滨以东地区，包括今朝鲜、俄罗斯部分疆土。

这条海路大约一直延续到了北宋。咸平三年（1000），高丽人的一艘船坏在了明州，宋真宗下诏将其交付登州，遣送回国。明州和登州都属中国四大古港，船在明州出了故障，却需要转送登州办理归国，可以看出登州的特殊地位。从朝鲜半岛过来的船只，通常是从登州靠岸上路，经青州、兖州、曹州（今菏泽）、汴州（今开封）、洛阳，最后到达长安。这是隋唐至宋代，朝鲜半岛的高丽、百济、新罗与中国官方往来的主要路线。

春秋时期，齐国开辟的从今天烟台地区北部沿海起航，途经庙岛群岛、东通朝鲜半岛的海上通道，后来成了著名的“东方海上丝绸之路”。登州作为始发港，是基本可以确定的。当然也有争议，各地都在争夺历史文化资源，“始发港”自然成为一个话题。不管如何，庙岛群岛的地位是不可否认的，当年的“东方海上丝绸之路”，不管是在蓬莱启程，还是从龙口、琅琊或荣城出发，都要途经庙岛群岛。一座座岛屿，既是海中航行的参照，也是一个中转之地，船在这里停靠，修整，补充食物，然后再出发。遥想航海技术并不发达的年代，我们的先人驾一叶独木舟，乘风破浪，穿越渤海海峡，靠一个个的岛屿，串联起了整个漫长的航程。

3. 消失的与留存的

开元寺已经不复存在。清朝《登州府志》记载："在城内西南隅，唐开元建，明永乐八年（1410）、天顺间（1329—1332）、国朝顺治十七年（1660）累修。"民国时期，开元寺呈东西走向，为三进院落式建筑，主要建筑有山门、钟亭、鼓亭、大雄宝殿、诵经堂、藏经阁等，为蓬莱城内最大的佛寺。开元寺是在1938年抗日战争中被焚毁的。这个地方，留下了太多关于"东方海上丝绸之路"的记忆。一座不复存在的佛寺，以无形的方式留存于历史，留存于后人的想象之中。近年不断有人建议，这么重要的一处遗址，应该恢复重建。

唐代的文化繁荣，吸引着朝、日使者纷纷"循海岸水行"，从登州上岸，入唐学习。这些使者到了登州，开元寺是暂住之地。日本名僧圆仁在《入唐求法巡礼行记》中记载："二日，平明发，行廿里，到安香村庭彦宅斋。行廿里到登州，入开元寺宿。""登州都督府城东一里，城西南界有开元寺"，"城下有蓬莱县开元寺，僧房稍多，尽安置官客，无闲房，有僧人来，无处安置。”圆仁在中国求法期间，有三年是在蓬莱开元寺居住的。

当时的登州，是中国北方第一大港，既是新罗、渤海、日本等国进出唐王朝的必经之路，也是中国北方与海外贸易交流的主要集散地，颇有“日出千杆旗，日落万盏灯”的景象。那么多的人从登州登陆，有的继续出发，从陆路去到长安朝贡；那些没有资格入朝的随从服务人员，就留在了登州。史书记载，仅入朝的人，就有 293 人之多；随行的水手、杂役人员，应该是高于这个数字的，少则几百人，多则数千人，都留在登州待命。从登州进京，往返需要好几个月，这样一来，留守在登州沿海码头的随行人员，就有了充分的时间与当地人打交道。他们除了带给皇帝的贡品之外，还携有大量物品，用于跟当地人交换。这就促进了登州的商业和贸易。这种私下贸易愈演愈烈，明代的朝鲜使团就因为在登州进行私下贸易而耽搁了进京朝贡时间，有些本末倒置。买卖终究是双方的事，由此可以看出当年的热闹情景，浩浩荡荡的船队停泊在登州海口，使者上岸接受当地官员的迎接，水手和杂役人员忙着搬运进贡物品，壮观的场面可想而知。登州这座海边小城，为之悸动。这里的人，以异样的眼光打量那些外来人。

这么多的人，如何解决食宿问题，对登州来说显然不是一件容易的事。朝廷在八角海口设了专门的接待机构，并且拨专款作为接待费用。古登州不仅建有新罗馆、新罗坊，还有一个专门管理新罗人贸易的机构叫作“勾当新罗押衙所”，足见当年古登州的新罗人之多。他们归国返程的时候，朝廷还要回赠物品，且有一种普遍的心理，不能让远方的客人吃了亏。所以给他们回馈的物品，往往远多于朝贡物品，以至苏轼曾经专门上疏，对这种现象提出质疑，他认为朝廷给他们的回赠太多了，于国于民都没有什么好处。

这种朝贡贸易，其实是以国家之间的外交为目的，是中国历代王朝与周边附属国所奉行的一种外交手段，也是当时国家之间的主要贸易形式。《新唐书》记载，新罗以各种名义向唐派出使节 126 次，唐王朝以各种名义向新罗派出使节 34 次，双方共计 160 次。这些往来活动，主要是通过登州。而回赠使节的大量物品，是在出关时，由当地按朝廷旨意给予，这样就免除了从京城到港口的运输之苦。回赠物品就地取材，且数量巨大，这必然对登州当地物产贸易是有所促进的。

开元寺是一个见证。后来，日本圆仁和尚在开元寺的斑驳墙面上，辨认出了当年日本遣唐使的题名留念，历史在那一瞬间由模糊状态变得明朗，先人曾经走过的路也变得确切起来。那些斑驳的字迹，那样一个相认的瞬间，在若干年后的阅读者和书写者的心里，像一道闪电，转瞬即逝，却留下了难言之感。而这种难言之感，是幽微的，它原本尘封在时光里，却在转瞬即逝的一刻，被唤醒，被点亮，被深长地怀念。

4. 实行海禁，仙境变兵营

登州港的特殊地理位置，决定了这里的军事要地地位。隋唐时期对朝鲜半岛的海上用兵，史书记载有十多次，登州港是军船出入的海口。唐初，朝鲜半岛的高丽、百济、新罗三国不和，常起纠纷，实力弱的一方便会请大唐皇帝来主持公道。唐朝贞观十七年（643），高丽要攻打新罗，唐太宗出面劝阻，希望他们和睦相处，互不侵扰，但是高丽王没有听从。第二年，唐王朝第一次向高丽用兵，4 万精兵，500 艘战船，经登州海道北上，浩浩荡荡，讨伐高丽。显庆五年（660），百济侵扰新罗，新罗王向唐王高宗求救，唐朝派出水陆 10 万大军，从山东半岛渡海援助新罗，这就是历史上著名的白江口唐倭军海战，以唐军大胜、倭军惨败而告终。浩浩荡荡的战船，与昔日徐福东渡已经不是同一回事了。如此规模的兵马，粮草供应自然是一个大问题。战前修造船只，战时供应粮草，大多是在古登州完成的。比如造船，造船兵夫被官吏监督着，昼夜在水中作业，以至于腰部以下都生蛆了，很多人死在水中。在登莱地区，至今还有用磨盘铺成的街巷，这些磨盘据说正是当年用来给军队磨制粮食的。

从北宋中期开始，登州港的功能从港航转向了军事，主要还是因为这里的特殊位置。登州隔海与北方的辽、金政权对峙，成为各方必争的战略重镇，根据战备需要，朝廷将登州港改建为“刀鱼寨”。

“刀鱼寨”这个名字，是因为当时登州港内停泊战船的外形酷似刀鱼，狭而长，每船可载100余人，速度快且灵活，适用于海战。可以说这是世界上存在较早的军港之一。“刀鱼寨”落成之后，登州港的性质发生了历史性的转变，这里常屯重兵，教习水战，限制商船出入，商业活动日渐萧条。北宋神宗元丰八年（1085），出任登州知州的苏轼在《登州谢上表》中直言，登州已经变得“地瘠民贫”“百姓离乡，去为盗贼”，经济一蹶不振。

到了明代，朝廷实行海禁，登州这个充满神秘色彩的仙境，变为兵城。主要原因是，东部的海岸线，昔日被称为“天尽头”的偏远之地，明代以后竟然成了海上交通广场。引起国人警觉的是“倭寇”，他们从海上零散入侵，疯狂抢掠财物，焚烧村庄，杀害了很多无辜百姓。朝廷不得不在沿海一线调兵遣将，广筑城池，军事要害之地设卫，次要之地设所。明代洪武九年（1376），登州升州为府，同年设立登州卫，府卫同城，后又置登州营，并在北宋刀鱼寨的基础上，修筑备倭城，也就是今天的蓬莱水城，这是我国保存最完好、时间最早的古代军事基地。蓬莱阁与水城密切结合，共存于登州海滨，神仙胜境与军事防御设施同框出现。这是内在的悖论、历史的悖论。登州港从繁盛到衰落，在仙境中建起了兵营，直到这里开始禁海，封闭，变得萧条。历史以这种方式，宣示新的一页即将翻开。海洋时代到来了。

其实，哪有什么仙境？仙境不过是对于现实的曲折反映，是一种难以实现的向往。矛盾无处不在，冲突随时可见，倭寇的侵扰越演越烈。朝廷采取了“筑小城建卫所”的军事防范策略，仅在登州境内就有登州卫、威海卫、成山卫、靖海卫、宁海卫、大嵩卫。“奇山守御千户所”就设在宁海卫辖区，第一任正千户是张升，他率军与倭寇作战，牺牲在了茫茫大海里，家人只好把他用过的长枪和穿戴过的盔甲下葬，这就是后代口传的“衣冠冢”。

明世宗嘉靖二十三年（1544），年仅17岁的戚继光世袭了登州卫官职，担起抗倭使命。第二年，他写下“封侯非我意，但愿海波平”的诗句，因为拥有这样的雄心与壮志，他的军事才能日渐彰显，最终挑起了戍守山东海防的大任。新官上任，他接手的是一个烂摊子。战船破烂不堪，有的船板因为长年泡在海水里，几乎成了朽木。号称6万兵力，实际上只有4000多人，而且老弱病残占了很大比重。军队纪律涣散，游手好闲、聚众赌博的现象屡见不鲜。加上水兵多年没有训练，船在风浪里稍有颠簸，有人竟然呕吐不止，晕倒在船上，战斗力可想而知。戚继光上任后，先从官员调整入手，撤换了一批，严惩了一批，当然也重用了一批，在登州卫造成一场人事地震。有个千户患有寒湿疾病，占着位子却不能履职，他倚仗朝中有人，假意递上一份辞职书，试探虚实。戚继光毫不客气，当场就宣布免了他的职。空出来的职位，登州卫提供了3个人选，戚继光没有论资排辈，大胆起用其中一个务实能干的人。

在登州卫，各种人事关系盘根错节，有的豪绅势力很大，他们拉帮结派，聚赌成风，把登州卫搞得乌烟瘴气。有些士兵经不住诱惑，也跟着赌博，输了就干起偷鸡摸狗的勾当。有两个豪绅在赌博时发生冲突，联手把一个赌徒打死了。官兵到场后，他俩态度强硬，拒不承认与此案有关，领头的军官知道他俩财大势强，不敢多说什么，只好逮了他们的一个手下当替罪羊。戚继光知道后，严惩了那个领头的军官，派人把那两个豪绅捉拿归案，依法处置。戚继光就此说明，以后再遇此类案子，如果登州卫不敢动手的话，要速报备倭公署，否则严惩不贷。备倭城里，水师操演时常有士兵迟到，戚继光下令：迟到一次者，重打20军棍，再犯加倍。有一次，他的舅舅迟到了，戚继光毫不留情，照打不误。那些刺头见状，从此收敛了许多。

戚继光一手整肃兵马，一手修建水陆工事，重点疏浚了备倭城里的小海。小海南北狭长，是屯泊战船的水域，东西两岸屯兵，称为东营、西营。在两营之间铺设木质吊桥，这样东营和西营就构成了掎角之势，互相照应，木质吊桥又可随时升起，舰船往来十分方便。小海南岸有一个平浪台，可减弱从水门涌入潮水的冲击力，使小海保持平静。水门东西两侧分别设置一座炮台，用来封锁水面。戚继光还把城墙加固了，水城的北墙建在丹崖山绝壁，很是险峭。他在这里训练水师，打算逐渐用民兵来代替客兵，让山东人守卫山东的土地，于是号召沿海百姓参加军队，教他们掌握各种武器的使用方法。他的足迹遍及山东沿海，每到一个卫所，他都仔细视察防倭设施，及时扩建和维修，构筑起了最为牢固的防线。

戚继光带领戚家军从登州起步，横扫南方，立下显赫战功。他的威严与勇猛，后来却成为政敌弹劾他的理由，他被诬陷“没有造反的证据，却有造反的能力”。戚继光最终被罢官，一代名将在落寞中与世长辞。

5. 取代登州，烟台开埠

我们对于历史的回望，常会忽略了那些偶然因素所起到的不可忽略的作用。比如，清朝咸丰十一年（1861）的烟台开埠，倘若严格执行中英《天津条约》的话，在山东开放的通商口岸应该是登州，那么烟台这座城市如今会是什么样子？当时负责开埠的，是一个叫马礼逊的英国人。他经过现场考察，认为登州港口水浅，且周围没有遮蔽，开埠条件不够理想，于是另选了芝罘湾，提出以烟台取代登州。清廷同意了，烟台正式开埠，成为山东近代第一个对外通商口岸。这个选择，或者说这个选择的被改变，如今看来有些偶然性，马礼逊的临场发挥，改写了一座城市的历史。他们辩称，之所以另选烟台，是因为烟台属于登州府，他们不过是在登州的范围内换了一个地方，算不得违约。对于这种逻辑，清廷接受了。后人视之为任人宰割的屈辱。其实，当时登州是千年古港，又是府治所在地，无论地理位置还是文化底蕴，都是一个特殊之地，清廷也未必愿意将这样一个地方辟为通商口岸。

当时的芝罘，尚未成形。明代时，为防倭寇袭扰，在此设立了奇山守御千户所，滨海小山上筑有烽火台，遇到敌情则施放烟火作为报警信号，俗称“烟台”，这座山则被称为“烟台山”。后来在烟台山下发展兴起的这座城市，便以“烟台”命名了。烟台港的两侧，分卧着崆峒岛和芝罘岛，宛若两道天然屏障。想必是这种视觉效果，打动了当年从登州转到这里考察的马礼逊。开埠之前，烟台只是清政府登莱青道辖区内的一个地方，当时的登莱青道设在莱州，管辖3府26州县。开埠之后，烟台从行政区划上一直隶属于福山县管辖，直到1934年1月，国民党山东省政府才设立烟台特别行政区，烟台从此脱离福山县。相比而言，登州却是千年古港，无论是历史地位，还是现场气势，应该更能打动那个名叫马礼逊的英国人。

可是，他放弃了登州，将目光锁定芝罘。

然而这偶然里，似乎又隐藏着历史的必然。《天津条约》签订之后，到烟台取代登州开埠之前，也就是清咸丰十年，即1860年的6月8日，法国侵略军3000余人占领了烟台。清政府认为烟台并非通商口岸，对法国兵船忽至烟台感到不可理喻。其实在此之前，就有人在即墨、海阳、蓬莱等地发现外国人的船只，这些人在没有人的时候上岸闲游，在浅水的地方进行测量。这事也通过官方途径专门上报了朝廷。后来的历史表明，那是法国派人对山东北部沿海地区进行侦查，他们绘制了从西部的小清河到东端的威海卫、成山头的沿海地形图，为占领烟台做好了战前准备。他们占领烟台以后，在烟台完成军队休整，又以烟台为跳板，继续北上，在1860年占领了北京。

关于这段历史，马礼逊自然是知晓的。一双外来的眼睛，发现了更为理想的所在，他捷足先登，选择芝罘，抢占烟台山上的最好位置，建起第一家领事馆。紧随其后，法国、美国、挪威、瑞典、德国、荷兰、丹麦、意大利、比利时、日本、俄国、西班牙、芬兰等17个国家，相继在烟台设立自己的领事馆，烟台山及其周围遍布外国领事馆，洋行、银行、邮局、教堂、别墅鳞次栉比，芝罘湾一下子热闹起来，轮船取代了帆船，昔日封闭一隅的荒蛮之地，形成了一个很大的外国人居留区。

风从海上来，生活在芝罘湾畔的人早就习以为常了。1861年的那场风是有些异样的，一下子刮来了不同肤色的陌生人，他们在岸边抢占地盘，理直气壮地做起各种事情。这里的安静被打破了，生活秩序也慌乱起来。烟台人开始学着洋人那样抢建房屋，很快就新建上万间房舍，颇似当下的“房地产热”。各国领事馆更是忙着圈地占地，有的甚至互相打了起来。

其实早在烟台开埠之前，这里就有很多所谓的“商机”了。外国商船时常停靠在这里私自贸易，他们之所以集聚烟台，有一个重要目的就是逃避厘捐，当时北方的奉天、直隶已经设立厘局，山东沿海还没有动作，很多往来天津口岸的商船，绕路赶到烟台口岸交易。后来，清廷察觉这一现象，责成当地官员抓紧设局抽厘。此举无疑影响了当地官商的“财路”，他们联合起来暗中使劲，抵制抽厘政策。当时的山东巡抚，上有压力，下有阻力，可谓举步维艰，他变得消极起来，敷衍朝廷说，山东沿海贸易不兴旺，且已抽税，若再抽厘，恐怕会影响当地经济。咸丰皇帝很不高兴，派郭嵩焘前往山东，清查沿海税务并开办厘捐。1859年11月，郭嵩焘主持试办烟台厘捐，三天即收万金。厘金税率本来很低，3天就能收得万金，可见当时烟台商船贸易的繁盛。

谈及古时政治腐败，常用“苛捐杂税”来形容。所谓“厘捐”，按现在的说法，就是征收商业税。中国自古只有农业税，没有商业税。后来，有人提议，在水陆要冲设卡，征收货物税和过境税，税率按货物价值的1%征收。这就是后来的“厘捐”，此法操作简便，很快就在全国推广开来，为国家筹到很大的一笔资金。清廷给“厘捐”制定了相关的征收规定，但在实际执行过程中，由于法规不详细，各地的税率不统一，出了很多问题，再加上腐败等因素，执行效果并不好。往来天津口岸的商船，绕路赶到烟台口岸交易，为的就是逃避厘捐。

郭嵩焘参与创办烟台厘捐的过程，很是令人感慨。

他从天津出发赶赴山东，可谓行程匆忙。虽为奉旨办事，他一路上尽量不去扰动州县，也不常住公馆，费用都是自理，这在晚清官场无疑是另类之举。沿途有地方官员出面接待，都被他回绝。就是这样的一个人，因为推行厘捐，触犯了他人利益，引发群体反弹闹事，导致烟台厘局“殴绅毁局”事件。他的政敌借机对他提出弹劾，他受到了降级处分。一腔赤诚，换来满腹心酸。他萌生隐退之心，全然不顾重臣陈孚恩的挽留和老友曾国藩的劝阻，请辞归乡。离京前，郭嵩焘盘点了赴天津任职以来的费用：“天津 9 个月用银 315 两 8 钱；赴山东沿海至济南，用银 206 两 6 钱；济南制备衣服及回京盘费，又 100 余两。计领薪水 8 个月，得银 112 两，赔垫了约 500 两。这些款项多为亲友寄助帮款，另借好友孙琴泉 200 余两……”

从这份清单来看，他是一个清官。就是这样一个人，终被弹劾。他回归故里。一年后，北京发生“辛酉政变”，一些重臣和老友被杀，郭嵩焘如果留在京城，必遭牵连无疑。塞翁失马，焉知非福。这种跟随心性的选择，也许是应对社会或时代问题的最可靠的选择。

烟台厘局发生群体闹事后不久，烟台开埠。第二年，东海关监督衙门正式设立，登莱青道从莱州迁往烟台，道台崇芳兼任东海关监督。

第二次鸦片战争以后，中国的海关制度建立起来。但是，海关的权力基本上掌握在以赫德为代表的西方人手中，清政府于是在各口岸设立海关监督一职，代表中央实行监督权。东海关监督，是一个具有多重身份的角色，一方面作为中国政府的代表监督海关运营，另一方面作为户部的代表征收常关税。所谓常关，是指户部或工部在交通要冲所设之关，征收货物通过税。因是常设之关，故称“常关”。当时山东的常关有两个地方，分别在临清和烟台，临清征收运河通过税，烟台征收民船海运进出口税。

东海关是清政府在山东设立的第一个海关，属于新生事物。它所面临的一个具体障碍，就是语言不通的问题，因为没法交流和沟通，对外国商船的征税就受到很大制约。他们不得不聘任外国人来从事税务工作。充任东海关第一任税务司的是英国人汉南。汉南在烟台走马上任是在1863年，这标志着烟台海关权和港口管理权的旁落。在此后的80余年里，东海关税务司一职，一直由外国人把持。关税历来属于国家自主的权力，这是世界各国的通例。而在清末，外国人把持海关是非常普遍的现象，不仅烟台如此，上到中国海关总税务司，下到各通商口岸的海关税务司，都由外国人把持。所谓“东海关监督”，有名无实。

东海关的界碑，并没有署上“东海关”之名，却刻写了“赫德总税务司地界”的字样。从这样一块界碑，可以看到100多年前最真实的历史表情。

烟台开埠后，如何处理外交事务，成为一个很现实的问题。这对于当地官员来说，既存在观念的问题，也有兴趣和能力、方式或方法等诸多问题。东海关道是对登莱青道的又一种称呼，这是晚清官制中的一个重要角色，可以说集地方军、政、财、外交诸多职责于一身，特别是处理外交事务的能力，越来越成为这个岗位的一项基本功。凡在这个岗位上历练过的官员，日后仕途大多比较可观，比如中国近代史上颇有名气的盛宣怀、张荫桓、李兴锐等人，都是从这个岗位得到升迁的。

首任东海关监督崇芳是个例外，他不擅于跟洋人打交道，跌了跟头，黯然离职。烟台开埠时，崇芳从莱州前往烟台途中，恰逢捻军东进，军情紧迫，他只好返回莱州部署防务，开埠仪式便由他人代为主持，作为登莱青道的道台，崇芳错过了烟台开埠这一历史节点。开埠后，崇芳没能适应形势变化的需要，与洋人打交道时暴露出了越来越多的局限，他在烟台任上干了不足一年，就被淘汰出局。

开埠伊始，英法两国便提出要建立专管租界，两国都相中了烟台山附近的同一块地盘，开始钩心斗角，给清廷施加压力。从未办理过洋务外交的崇芳进退失据，英法两国的租地问题陷入僵局。在崇芳看来，如果按照法国要求办理租地，这对于来烟台居住已近两年的英国领事不太公平，凡事总得讲究个先来后到吧。他想出了一个折中的办法，英国领事仍居住原地，按原地大小在英国所租地中拨给法国作为补偿抵顶。同时，又对法国屡次催办租地采取拖延策略，想着大事化小，小事化了。这种解决问题的思路，明显是被英法两国牵着鼻子走了，而且，他把解决问题的办法，寄托在利用英法两国之间的矛盾来搁置问题，放弃了自身的主体性和主动权，这让他在被动中越陷越深。法国领事对崇芳的做法极为不满，扬言要出兵解决这个问题，给清廷施压。1863 年，清廷以崇芳不熟悉烟台情形、办理税务错误为由，将其撤换，另派天津知府潘霨接替他的职位。

继任者潘霨是另一种思路。他认为烟台山突入海中，筑有炮台，属于海防重地，山南空地不便租给外人。同时，又以《北京条约》为据，申明和约虽议定法军可驻大沽、烟台，但至赔款付清即须撤军，没有永久租占之理。虽议定法国有权在各通商口岸租地，中国也有权不租。潘霨对法国人全租的要求，予以回绝的同时也做了灵活处置，同意商民以私人名义租给英国 15 亩、法国 13 亩、各洋行 27 亩，土地所有者自行与英法两国议价，订立租契。至此，烟台租地风波终于平息了。一直到20世纪初，列强不断要求在烟台设立租界，始终没能获准。所以，上海、天津等条约口岸几乎都建有租界，而烟台却是例外，始终没有真正意义上的“租界”，仅有被默许的外国人居留区。

道台崇芳处理外交事务，确属外行，再加上他不能挺起腰杆说话，对英法两国多有迁就，反而把局面搞僵了。他的继任者潘霨就明白得多，对英法两国的答复有理有据有谋，既坚持了原则，又懂得变通，最大限度地维持了局面。后来，这个潘霨在政治舞台上也有诸多不俗表现。

当今时代，地球越来越成为一个“村”，各国之间的交流与交融越来越成为一种常态。但在若干年前的中国，如何与“洋人”打交道，却是一个问题，不同文化的冲突，不同观念的碰撞，很容易造成难以缓和的矛盾局面。比如马嘎尔尼来访中国，就是中西外交史上颇具意味的事件。1792年9月，英国政府任命著名的政治家和外交家马嘎尔尼为特使，到中国祝贺乾隆皇帝八十大寿。这是西欧国家首次向中国派出正式使节。双方在拜见礼仪问题上发生了争执，好不容易才达成协议，英国作为独立国家，马嘎尔尼可以单膝下跪，不必叩头。乾隆皇帝正式接见他们，马嘎尔尼提出若干关于开放口岸、平等贸易的要求，乾隆皇帝以无此先例为由拒绝了英国的要求，他说中国不需要外国商品即可自给自足，双方不存在平等贸易的基本条件。回国后，马嘎尔尼根据在中国期间所做的大量调查，为这次失败之行做出了这样的总结：“中华帝国只是一艘破旧不堪的旧船，这艘船不会立刻沉没，它将像一个残骸那样到处漂流，然后在岸上撞得粉碎，永远不能修复。”据说，马嘎尔尼此行曾在芝罘湾停泊过，他的船上装载了大量在烟台采购的物资，当时的情景被人画了下来，画像保存在“芝罘俱乐部”。

1886年5月，清王朝的醇亲王乘船从威海前往天津时途经烟台，烟台的西方居民列队在岸边欢迎，但是这位王爷素来对西方人没啥好感，拒绝登岸，他把西方人直接放了鸽子。这个醇亲王，是道光帝的第七个儿子，为人谦卑，但很平庸，没啥真知灼见，政治上无所建树，却在诡谲多变的政局中立于不败之地。这样的一个人，对待洋人的态度，也是颇有意思。

回望这些史实，我们会更深刻地理解烟台当年的被迫开埠与后来的主动开放，以及该以怎样的心态和姿态，面对世界，融入世界。

（王月鹏）

“海上丝绸之路”始发地——合浦港

中国的沿海地区是古代东方海洋文明的重要发祥地。史前时代，生活在这里的人类积累了不少经验，海洋活动能力不断提高。他们不但学会了造船，还学会了利用天文，掌握海洋气象和航海技术，得以穿海过洋，与东南亚、东北亚地区建立了海上的交往，并于秦汉时期形成“海上丝绸之路”。“海上丝绸之路”是“陆上丝绸之路”的延伸，又被称为“香料之路”“陶瓷之路”，不仅仅运输丝绸，而且也运输瓷器、香料、药材、宝石等进口货物，陶瓷为主要出口物品。

位于南海之滨的古合浦，就是“海上丝绸之路”的一个始发港。

站在合浦，贴着大海的胸口倾听——西汉时期的兵士、商贾由中原下湘江，经灵溪入桂江，沿南流江抵合浦，出海的足音在悠远的时光中依然清晰。他们要从这里开始远航，去东南亚、西亚乃至欧洲，甚至更远的地方去做贸易，去探索，去传播中华文化。他们要离开脚下这块熟悉的土地，涉足另一块完全陌生的疆域。

对于商贾们的大规模行动,《汉书·地理志》已有记载。这是目前为止发现对“海上丝绸之路”最早的记载。这个记载明确了“合浦郡”的港口是“海上丝绸之路”的始发港，而散落在北海市合浦县境内的2万余座汉墓，同时也以一目了然的方式告诉了我们另一个事实：远离中原的合浦郡，在远古时代，已达到相当的文明程度。

让我们梳理一下历史在合浦这块土地上留下的脉络。

汉武帝元鼎五年（前112），南越国丞相吕嘉反对归附汉朝，发动叛乱，杀了南越王赵兴、樛太后和汉朝使者。是年秋天，汉武帝发动10万大军讨伐南越。汉军兵分五路，水陆并进。两大主力，一路由伏波将军路博德率军从桂阳出发，经洭水，向番禺进军。另一路由楼船将军杨仆率军从豫章出发，下横浦关，入浈水，再顺北江而下，直捣番禺。其他几路或从零陵，经漓江、西江水道，或从夜郎出发，沿牂柯江会师番禺。

战争持续了一年多，直到第二年冬天，楼船将军杨仆的军队才攻陷寻陕，破石门，缴获了南越的船只和粮食。杨仆继续进军，挫败南越军先头部队，然后率领数万大军等待伏波将军路博德。由于道路遥远，到了会师日期，路博德的军队只有1000人到达，于是一起进军，攻打番禺。杨仆率部奋力攻打番禺，还放火烧城，而南越人平时就听惯了伏波将军路博德的威名，纷纷跑到营中投降。第二天黎明时分城破，吕嘉率领几百人逃进大海，但不久就被抓获，南越国灭亡。

汉武帝把南越故地置为9个郡，合浦乃其中之一，辖合浦、徐闻、高凉、临允、朱卢五县。由于独特的区位优势，合浦成为汉代“海上丝绸之路”始发港，在汉代对外贸易中有着举足轻重的作用。

合浦县位于广西南端，北部湾东北岸，东与广东省廉江市和广西博白县接壤，西与钦州相邻，南临北部湾，距广西壮族自治区首府南宁市176千米。如今的行政区域总面积2783平方千米，人口111万。

合浦北枕丘陵，南滨大海，东、南、西遍布红壤台地，中部斜贯冲积平原；气候受季风环流控制，属亚热带海洋性季风气候，雨热同季，冬干夏湿，夏无酷暑，冬无严寒，如今的合浦县是“全国平原绿化先进县”之一。

合浦是中国汉代“海上丝绸之路”的始发港之一，被称为“南珠故郡，海角名区”。这里拥有众多汉代历史文化遗存，盛产珍珠、对虾、青蟹、甘蔗、蚕桑等农特产品，是“中国南珠之乡”。

合浦之所以能成为“海上丝绸之路”的始发港，得益于便利的交通和特产南珠。早在秦朝，为了平定百越，秦始皇派兵凿通了灵渠，从此，湘江水系与漓江水系连为一体。后来又开凿桂门关，将南流江与北流江沟通。当时，由中原出发的商队，经长江、洞庭湖进入湘江，然后一路抵达漓江，在陆地上稍作行进后，再经南流江，即可到达合浦港。据考古发现，广西汉墓主要集中在兴安、桂林、贵港、梧州、合浦一线。同时，广西青铜器出土文物也主要集中于桂东南地区，尤以合浦、贵港、梧州三地汉墓出土最多。由此可以证明，正是发达的水路运输，为开辟“海上丝绸之路”提供了便利条件。

当年，中原的商人通过长江、湘江水系，经南流江将中原的粮食、丝绸、陶器等运至合浦，再从合浦运回海外舶来品。合浦的商人则将中原的货物运至印度和中东，换回水晶、玛瑙、镂金花球、波斯陶壶等当地的特产。这条水路直到近代，仍在当地的运输中有着举足轻重的作用。

这段历史被记进了史书，据《汉书》所载，合浦

“自日南障塞、徐闻、合浦船行可五月，有都元国，又船行可四月，有邑卢没国；又船行可二十余日，有谌离国；步行可十余日，有夫甘都卢国。自夫甘都卢国船行可二月余，有黄支国，民俗略与珠厓相类。其州广大，户口多，多异物，自武帝以来皆献见。有译长，属黄门，与应募者俱入海市明珠、璧流离、奇石异物，赍黄金，杂缯而往。所至国皆禀食为耦，蛮夷贾船，转送致之。亦利交易，剽杀人。又苦逢风波溺死，不者数年来还。大珠至围二寸以下。平帝元始中，王莽辅政，欲耀威德，厚遗黄支王，令遣使献生犀牛。自黄支船行可八月，到皮宗；船行可二月，到日南、象林界云。黄支之南，有已程不国，汉之译使自此还矣”。

合浦成为汉代“海上丝绸之路”始发港是历史的选择。汉武帝收复了河西走廊后，开辟了历史著名的“陆上丝绸之路”。但随着经济的发展和对外交往的需要，光凭陆上的“丝绸之路”远远不够，开辟“海上丝绸之路”是自然而然的事情。囿于当时的航海技术，海上航行只能沿着海岸线前进，合浦由于有发达的内陆水系，又是距离中南半岛最近的，同时拥有河港和海港，必然成为“海上丝绸之路”始发港的选择。

目前，合浦已发现汉墓1万余座，比岭南地区其他地方发现的总和还要多几倍。汉墓中出土了数以千计的海外舶来品。据统计，徐闻只发现200多座古汉墓，已开发的66座汉墓中，出土舶来品为308件，而合浦仅望牛岭一座西汉墓出土舶来品就多达245件。众多出土文物中，包括金、银、铜、玉、玻璃、玛瑙、水晶等，还有用琥珀雕成的狮子等雕饰物。狮子产于印度等地，玛瑙产于大秦(罗马)，而合浦汉墓出土的玛瑙最多。因此专家认为，上述出土文物应是来自印度、中亚和西亚的古代舶来品。这些出土的文物中不乏珍品，包括一级文物21件，曾多次在海外展出。其中产自地中海地区的罗马玻璃碗，目前全世界仅发现3件，一件在日本美秀博物馆，一件在美国宾夕法尼亚大学博物馆，还有一件就在合浦汉代文化博物馆。而波斯陶壶则是迄今为止我国出土年代最早的一件波斯陶壶，也是唯一的东汉时期的波斯陶壶，比扬州出土的隋代波斯陶壶早500年左右，将汉朝与波斯的最早交往史提前了一大段时间。

悠久的历史和“海上丝绸之路”始发港的地位，造就了合浦厚重独特的人文。两千多年来，合浦先后留下了以汉代文化、“海上丝绸之路”文化、珠还合浦文化、廉政文化、东坡文化、明清民俗文化、客家文化、近代海洋文化等为代表的多重文化符号。其中汉代文化以中原文化为母本，融合骆越文化，带有独特的地方色彩;“海上丝绸之路”与“陆上丝绸之路”同时开拓，见证了汉代我国对外经贸交往史；珠还合浦文化则有着清晰的脉络和广泛的影响，廉政文化可视作其延伸的部分；还有东坡文化，记录着苏轼这位大文豪最后一段行迹和“万里瞻天”的心路历程；而明清民俗文化，至今仍深刻地影响着人们的生活；近代海洋文化则反映了西学东渐以来，合浦一步步迈向现代城市的历史进程。这一个个文化符号，在两千多年的历史长河中，不断地影响着合浦，形成了合浦兼收并蓄、开放包容的城市特质和人文气息。因此，合浦的历史文化，不仅是属于当地的，还代表着中华民族不同文明相互融合、相互影响的结果；记载了我国古代对外交往、海外贸易的历史；同时也是近代以来，我国接受西方海洋文明的一扇窗口。

随着“一带一路”倡议的提出与启动，合浦作为历史上“海上丝绸之路”始发港，又一次进入公众的视线。各级政府部门领导，许多专家学者、游客商人纷至沓来，希望认识合浦，研究合浦。合浦究竟有什么样的魅力呢？还是让古人来告诉我们答案吧！

1. 马援与合浦珍珠

马援受命出征交趾时，肯定想要建立一番功勋，但他绝对想不到自己会因为一车薏苡仁断送了毕生的英名。不知是否是朝廷的刻意安排，跟西汉平定南越国叛乱的路博德一样，马援的官名也叫伏波将军。两人都是北方人，一生都在打仗，都率领过庞大的水军在南方平叛，都建立了不世之功，最后都死在军中。不同的是，路博德虽然犯罪被削爵，但还被重用，能够善终；而马援却背了多年污名，差点不得下葬，直到 30 年后才获得平反。

马援，字文渊，汉代扶风茂陵人，乃战国时代赵国名将赵奢之后，因赵奢号马服君，后代以马为姓。马援少有大志，曾经学《齐诗》，自以为不才，便想到边郡去种田放牧。后来做了督邮，因同情犯人，私放后无法交差，只得亡命到北地郡（治今甘肃省庆阳县西北）。遇赦后留在当地搞畜牧业，归附者数百家，有牛、马、羊数千头，谷数万斛。马援把这些财产都分给了兄弟朋友，自己却穿着羊皮做成的上衣和裤子过着简朴的生活。他经常对大家说：“丈夫为志，穷当益坚，老当益壮。”这也是成语“老当益壮”的出处。

后来马援受荐成为王莽新朝的新城大尹（即汉中郡太守，治今安康市汉江北岸）。王莽灭亡后，马援留在西州，受自称西州大将军的隗嚣重用，被任命为绥德将军，经常与隗嚣一起商量天下大计。一次，他受命出使，看到公孙述使用天子仪仗，知其是个鼠目寸光之人。尽管公孙述多次挽留，许以授官封爵，随众宾客也乐意留下，马援却不为所动，毅然返回陇右，劝说隗嚣遣子入汉为质，接受刘秀的领导。建武四年（28），马援携带隗嚣的书信到洛阳，在宣德殿受到刘秀接见。刘秀非常欣赏马援，而马援也觉得刘秀拥有能够平定天下的气量和能力，两人进行了一番推心置腹的谈话。不久，马援随刘秀南巡，先到黎丘，后转到东海。南巡归来，刘秀又以马援为待诏，日备顾问。马援要回西州时，刘秀派太中大夫来歙持节相送。

回到陇西后，马援盛赞刘秀，隗嚣虽然心里不舒服，但还是听从马援意见，同意归汉，并送长子隗恂入洛阳为质。

马援携带家属跟隗恂到了洛阳，但一直得不到任职，便向光武帝申请到上林苑屯田，得到了刘秀的批准。后来隗嚣听信部下王元的挑唆，企图独霸陇西，对降汉之事犹疑不定。马援见状，多次写信给隗嚣。隗嚣认为马援背叛了自己，心里产生怨恨，并发兵拒汉。于是马援上书刘秀，陈述消灭隗嚣的计策。刘秀采纳马援的计策，令他率5000突骑，游说隗嚣的将领高峻、任禹以及羌豪等人，陈述利害祸福，分化瓦解隗嚣。马援又写信给隗嚣部将杨广，希望他能归附汉朝并劝谏隗嚣悬崖勒马。杨广没有答复。

建武八年(32)，光武帝亲自领兵征讨隗嚣。来到漆县，众将大都认为皇帝的军队不宜深入很远的艰险之地，进军的方案迟迟定不下来。正好马援奉命到来，刘秀连夜接见并征询意见。马援认为隗嚣的军队已有分崩离析之势，如果乘机进攻，定获全胜。马援在皇帝面前把米堆成山谷，像沙盘演练一样指点规划行军的阵势，展示各军往来的道路，分析很详细，一看就明白。刘秀听了马援的计策后信心十足，第二天便进军高平第一城(今宁夏回族自治区固原市)，周边大小武装力量都赶来与刘秀会师，隗嚣的多名大将和十余万军队不战而降，隗嚣逃至西城，汉军一路追杀，最终消灭了隗嚣。这是马援所立的第一个大功。

天下一统后，马援深受重用。自新朝末年以来，塞外羌族不断侵扰边境，不少羌人更趁中原混乱之际入居塞内。金城一带属县多为羌人所占据。来歙就此事上书，说陇西屡有侵扰祸害，除马援外，无人能平。于是在建武九年（33），朝廷任命马援为太中大夫，成为来歙的副手，统军驻守长安。

两年后，马援转任陇西太守。先零羌经常侵扰边境，马援派 3000 步骑在临洮将其击败，守塞羌人 8000 多人望风归降。经过多次战斗，马援击败先零几个部落的数万人。战斗中，马援身先士卒，飞箭将其腿肚子都射穿了。刘秀得知后，派人前往慰问，并赐牛羊数千头。马援像往常一样，把这些都分给了部下。

当时，金城郡破羌县(今青海省东都县东南)以西的土地，离汉廷道途遥远，又经常发生变乱，不好治理，朝臣们都主张放弃。马援上奏陈说破羌以西城堡完好，土地肥沃，灌溉方便，如果放弃，将会资敌，造成无穷后患。光武帝同意了他守卫破羌的建议。

马援一方面完善军事设施，另一方面开渠引水灌田，并奖赏农耕和畜牧，郡内生产很快得到恢复。后来，马援再次打败了骚扰边境的武都郡（今甘肃省成县）参狼羌与塞外诸羌。于是，陇西郡境太平无事。建武十七年（41），马援担任陇西郡太守6年后，被征召回京任虎贲中郎之职。

回到京城屁股还没坐热，交趾女子征侧、征贰姐妹造反，攻陷郡城，九真、日南、合浦三郡的土著纷纷响应，攻占掠夺了60多座城池。征侧自立为王。于是，朝廷任命马援为伏波将军，以扶乐侯刘隆为其副手，督领楼船将军段志等南征交趾。到了合浦之后，段志病死，马援兼领其麾下水军。此时马援共有大小战船2000余艘，士兵2万。

马援指挥军队沿着海边进发，根据山的走势开辟道路1000余里，先在浪泊（今越南仙山）与叛军大战，斩首数千，俘虏1万余人。接着在禁溪（今越南河内）又几次打败敌军，第二年斩杀二征，传首于洛阳。马援因功被封为新息侯。随后，马援继续率军剿灭二征余党，彻底平息了此次叛乱。

马援在经过的地方，总是为郡县修筑城郭，凿通渠道，引水灌溉，指导当地的百姓学习中原的农耕技术，使得百姓能够安居乐业。他又向皇帝分条奏明越律与汉律的相违之处，制订适合于当地民族的律令，并向当地越人申明，恢复当地以往的习惯法来约束他们，得到了越人的赞同，使之成为共同遵守的律例沿用下去。此举不仅彻底解决了边患，也使当时属于蛮荒之地的这几个郡得到了开发。军队开辟出的道路也带来了交通上的便利，这一系列的举措，客观上为“海上丝绸之路”的繁荣奠定了坚实的基础。

马援回到京城才一个多月，又遇上了匈奴、乌桓进犯扶风。马援还没休息好，就请求率兵出征。马援说:“男儿要当死于边野，以马革裹尸还葬耳，何能卧床上在儿女手中邪？”这就是成语“马革裹尸”的由来。刘秀同意了。马援率领3000骑兵出战，先后巡行至雁门、代郡、上谷等地，乌桓哨兵发现汉军到来，部众纷纷散去，马援不战而胜。

建武二十四年（48），南方武陵郡五溪蛮暴动，武威将军刘尚前去征剿，冒进深入，结果全军覆没。此时马援已62岁，请命南征。刘秀考虑他年事已高，没有答应他的请求。马援说:“臣还能披甲上马。”刘秀让他试试，马援披甲持戈，飞身上马，手扶马鞍，四方顾盼，一时须发飘飘，神采飞扬，真可谓烈士暮年，老当益壮。刘秀见马援豪气冲天，雄心未已，很受感动，笑道：“这个老头好健康啊！”于是派马援率领中郎将马武、耿舒、刘匡、孙永等人率4万人远征武陵。

此战打得很艰苦，军队难以行进，加上天气酷热难当，好多士兵因为感染传染病而死。马援也身患重病，部队陷入困境。面对困难重重，马援意气自如，壮心不减。每当敌人登高鼓噪，耀武扬威，马援都拖着重病之躯出来观察瞭望敌情。手下将士深为其精神所感动，不少人热泪横流。不曾想到，这竟是马援最后一战，没过多久，马援病死于军中。一代名将用实际行动践行了自己的誓言。

马援出征岭南，平叛安边，维护了国家统一，民族团结，战功卓著。但不幸的是，这竟给自己惹来了祸端。

在马援平定二征之乱过程中，由于南方多瘴气，士兵因瘴疫之害，十之四五病死于此，马援通过深入民间了解到常食用薏苡仁可以轻身省欲，战胜瘴气。而合浦产的薏苡仁比北方要大，于是马援带了一车回去想做种（马援也是田牧专家）。不料却被人误以为运回一车珍珠，结果以讹传讹，京城的权贵都信了。但马援当时深受皇帝信任，没人敢说什么。后来马援进军不利，耿舒写信给耿弇，将责任怪到马援身上。耿弇将信上报皇帝，皇帝派与马援有过节的梁松前去调查，刚好马援病逝于军中，于是梁松趁机造谣污蔑马援，皇帝大怒，收回马援新息侯印绶。还有人上书说马援之前带回来的是一车珠宝珍玩，连马武和侯昱这样的开国元勋和功臣之后也都这样说，皇帝更加愤怒，马援的妻儿不敢将马援遗体运回家乡祖坟安葬，只好在城西买了几亩地草草下葬，马援的宾客好友，无一人敢去吊丧。马援妻儿与侄子马严用草绳捆着自己，连成一串去朝廷请罪。皇帝拿出梁松的奏折给他们看，才知道马援受到了诬陷，经过6次措辞哀切的申诉后，马援才葬入祖坟。直到汉章帝时代，马援才获得平反。

其实，以马援当年多次散财给亲朋好友和手下士卒，还有诫勉侄子马严、马敦的书信，足以看出其为人。

马援向来对子侄管教严格，南征交趾时，听说侄子马严、马敦爱讥讽议论他人，结交游侠，便写了一封家书寄回京城，告诫两个侄子：我要求你们听到他人的过失，就像听到父母的名字一样，可以听，但不能说。喜欢议论他人的优缺点，轻率讽刺时政，这是我最讨厌的，宁死也不愿子孙有这样的行为。伯高为人厚道谨慎，谦逊节俭，廉洁公正而有威严，我喜欢他并敬重他，愿你们向他学习。季良豪侠仗义，为人分忧，与人同乐，他父亲的丧事，几个郡的人都来吊丧。我喜欢他并敬重他，但不愿你们学习他。如果你们不能学习伯高，仍不失为一个谨慎的人，就是俗话说的“刻天鹅不成反像鸭”。如果不能学习季良，沦落为轻浮的人，那就像俗话说的“画虎不成反像狗”了。这便是流传后世的《诫兄子严敦书》。信中所说的伯高，即山都县令龙述。提到的季良，是越骑司马杜保。马援的这封家书，在京城广为流传，杜保的仇人也就借这封家书大做文章，向光武帝上书弹劾杜保，告发他“行为轻薄，惑乱百姓，大名鼎鼎的伏波将军远在万里之外，也寄信告诫侄子不要学他。而梁松、窦固却与他交往，将会助长他的轻薄与虚荣”。光武帝召见梁松与窦固，责问他们可有此事，给他们看弹劾杜保的奏折和马援的《诫兄子严敦书》。两人吓得慌忙跪地，叩头如捣蒜，直叩得头破血流，才得以免罪。光武帝下诏，罢免了杜保的官职，提升龙述为零陵太守。虽未遭受处罚却吓得胆战心惊的梁松，因此迁怒于马援，更加仇恨马援了。一车珍珠事件，无非是陷害马援的一个由头罢了。

这段历史又成就了另一个成语：“薏苡明珠”，比喻颠倒黑白、让人蒙冤受屈。

马援平定二征，不仅沉重地打击了分裂者，还每到一处都为郡县治城郭，挖渠灌溉，以利其民。又奏明越律与汉律不完全相同的十几件事，与越人申明旧的制度来加以约束。自此以后，骆越都遵守马将军旧制。因为这段历史，两千年来，也留下了许多马援与合浦的故事和遗址，如“伏波滩”“伏波庙”“铜鼓塘”“铜船湖”“马留人”“马留话”等。

这些遗址中许多（如“伏波滩”和“伏波庙”）已湮灭于历史长河中，仅文献有所记载，据《钦定四库全书·明一统志》所载，明朝时，廉州府所辖一州二县（钦州、灵山县、合浦县）皆有，而且土人祀之，有祷即应。

“铜鼓塘”和“铜船湖”也有相对应地名，一在廉州，一在石康。相传当年马援率军到合浦，因本地气候潮湿，所携战鼓声音沉闷，于是向当地人学习制作铜鼓，结果鼓声十余里外都能听到。后来，廉州附近江中有凶蛟害民，马援挖了一塘，诱凶蛟至塘中，用铜鼓镇压。这个说法源自《后汉书·马援传》中“于交阯得骆越铜鼓，乃铸为马式”的记载。同是《钦定四库全书·明一统志》一书，也记录了“广南所出铜鼓甚多或云马伏波所制”。至少说明最晚至明朝就持这种说法。马援制铜鼓一事，仔细分析，其中不无道理。北方的战鼓是用牛皮覆在木头上制作而成，而且北方干燥且多在平原作战，这种战鼓的声音足可传遍军中。但在南方，由于牛皮受潮，声音肯定受到影响，而海上作战，风浪声巨大，非金属战鼓无以达到效果，且当地多产铜，因地制宜，有其合理性。至于铜鼓镇恶蛟，当属民间故事。

“铜船湖”的传说也有记载,《方舆记》中曾记载:“铜船湖,马援铸铜船五只，一留此湖中，四只将过海征林邑。”至于留下的这只船在哪，晋代刘欣期的《交州记》则写得很清楚:“有一湖去合浦四十里，每阴雨日，百姓见有铜船出水。又有一牛在湖中，以鸡酒为祭便大获鱼；若此礼不设，惟得牛粪而已。”这些说法常被后人引用，见于文人笔记中，如明代屈大均的《广东新语》中记载:“合浦之北铜船湖，复有一大铜牛，时浮出水。”

清代李调元的《南越笔记》中记载:“铜船，在合浦，相传马援铸铜船五，以其四往征林邑，留一于此。天阴雨，浮出湖面。樵浦者常得见之，因名湖曰铜船湖。”可惜文中的铜船至今仍不见影踪。

关于“马留人”，也即马援留下的人之简称。常见说法是平定二征之乱战事结束后，马援动员自己的部下留下来，帮助当地开发建设。《新唐书》《桂海虞衡志》中曾载:“马援还，留不去者，才十户，隋末滋衍至三百，皆姓马。俗从其寓，故号马留人。”《林邑记》则曰：建武十九年（43），马援树两铜柱于象林南界，与西屠国分汉之南疆也。土人以其流寓，号曰马流，世称汉子孙也。“留”与“流”应为谐音。今日合浦一带所流行的“廉州话”俗称“麻佬话”，是否跟其有关，应该是个值得研究的课题。

斯人已逝，所有的光荣已成为史书上的行行字迹，但马援的功绩和人格精神仍时刻激励着一代代合浦人——这些当年马留人的后代，沿着祖先开辟的道路，不断前行。实际上，马援与合浦珍珠的关系，对合浦珍珠的声名远播有着重大意义。

2. 孟尝与“珠还合浦”

“珠还合浦”是个成语，比喻好人去而复返，好东西失而复得。比如 1997 年中国政府对香港恢复行使主权，香港人民立碑纪念，碑文就是“珠归合浦，百年梦圆”。这个成语源自东汉时合浦的一段往事，跟南珠有关，跟廉政有关，跟一位叫孟尝的太守有关。

孟尝（生卒年月不详），字伯周，东汉时会稽上虞（今绍兴市上虞区）人，祖上三代做过郡守属吏，都在祸乱中为朝廷效忠死节，美名远扬。孟尝从小受到良好的道德操守教育与知识文化熏陶，成年后学识渊博，品德高尚，志向远大。出仕后在郡中担任掌管户籍、农桑的小吏。

上虞郡有个寡妇，为人非常孝顺，丈夫死后，不辞辛劳地奉养着同样孤寡的婆婆。后来婆婆寿终，心地歹毒、性格刁钻的小姑却对嫂嫂起了猜疑与忌恨。她到县衙门诬告嫂嫂厌倦了供养侍候，因而毒死了婆婆，也就是小姑的母亲。县官是个糊涂官吏，未经详细调查，是非不分，判了年轻的寡妇死刑。郡府接到报上来的案子，也不加详查，竟然就这样结了案。

孟尝知道这是一起恶人诬陷好人的冤案，再也坐不住。他找到郡里的太守，为年轻的寡妇申冤辩屈。孟尝详细地向太守汇报了事情的原委，希望太守秉公明断，切莫让好人蒙冤。不料太守也是个昏官，没有理会孟尝的汇报。孟尝在太守衙门外痛哭请求，也无济于事。年轻的寡妇最终含冤而死。于是他怀着对官场的失望，借口有病，辞官而去。寡妇冤死之后，郡中连续两年连遭大旱，不管怎么祈祷求雨，这雨都没来，致使农田连年歉收，百姓怨声载道。

适逢原太守任满，新太守殷丹到任。殷丹多方寻查连年大旱、求雨不得的缘故。孟尝觉得殷丹是个正直的人，于是到太守府中详细陈述了孝顺寡妇遭小姑诬陷含冤而死的详细经过，对太守说："从前东海孝妇，感动上天致旱，因为于公的一番话被太守接纳，顿时降下甘泽。现在官府应该处罚那个诬告的人，向含冤而死的亡魂谢罪，让她的冤情在阴间得以昭雪，适时之雨就会不期而降。"

殷丹太守听从了孟尝的建议，拘押提审了诬陷嫂嫂致死的歹毒小姑，查清了诬陷事实，让歹毒小姑受到了应有的惩罚，并亲到冤死的寡妇坟前祭告，当众宣布给她平反。此事感动了上天，降下了及时雨。

这个被传得有些神秘的故事充分反映了孟尝刚正不阿、不畏强权、勇于直言的高尚品格。后来，孟尝因为品学兼优，被郡里推荐为孝廉，接着又被举为茂才。西汉建国时，汉高祖刘邦曾下过“求贤诏”，命令地方官向中央政府荐举贤良方正、直言极谏之士，委以治国安邦重任。后来汉武帝刘彻效法他的先祖，也下过“求贤诏”，命令地方官荐举孝廉和茂才。孝廉，即孝顺父母，品行清廉之士。茂才，是才学出众、胸怀韬略的优秀人才，比孝廉还要高一等。凡有资格被荐举为孝廉和茂才者，即今天所说的德才兼备之士，孝廉由郡推荐，基本来自民间，一般多从郎官做起；茂才由州来推荐，被举者多为在职的官吏，一般先授职县令或同等级官吏。这是科举制度还没产生时的一种选拔人才的方式。孟尝既得了孝廉，又被举为茂才，足见其品德才学之突出。从此，孟尝走上了行政主官的岗位，开始实践他造福百姓的人生追求，最终留下了名垂青史的“珠还合浦”故事。

孟尝被任命为徐县县令，在职期间工作出色，受到州郡推荐，升任合浦太守。孟尝到任时，合浦民生凋敝，哀鸿遍野，经常有人因为吃不上饭而饿死在道路旁。这跟合浦当时的地理环境有很大关系，由于农耕技术落后，合浦的粮食不能自给自足，需要拿海中的珍珠跟商贩贸易才获得足够的粮食，据《汉书》所载：“（合浦）郡不产谷实，而海出珠宝，与交阯比境，常通商贩，贸籴粮食。”

珍珠是上天赐给合浦人的财富。据《汉书·地理志》记载：“（粤地）处近海，多犀、象、毒冒、珠玑……之凑，中国往商者贸多取富焉。”

合浦南珠粒大、圆润、光彩迷人，号称“海水珍珠中的皇后”。秦汉时期就开始作为贡品，东汉时已经达到一定的规模。历史上，合浦辖区内共有“平江、白龙、青婴、杨梅、断望、白沙、乌坭”七大古珠池。上至达官贵人，下至一般商人，都以能拥有合浦南珠为荣。合浦的珍珠市场曾经进行过“以斗量珠”的大额珍珠贸易，吸引了大量的中原商人远道而来，造就了许多富商世贾。

《汉书》上还记载了这样一件事：西汉成帝年间，京兆尹王章因为敢于直言，上奏弹劾大将军王凤而被诬下狱。王章死于狱，他的妻儿被流放到合浦。王章之妻来到合浦后，并没有因为挫折坎坷而失落，而是发现了巨大的商机，在合浦做起贩销珍珠的生意，几年之间便积聚到了数百万财产。后来，王章得以平反，王章妻回到故乡，赎回了被充公拍卖的家产。这说明了合浦的珍珠贸易在当时的繁荣。中原商人运来大量的内地物产，换回合浦的珍珠，而合浦的商人则将中原丝绸、瓷器运到海外，换回舶来品。汉代的中外贸易就这样因为一颗小小的南珠被串联起来，成就了合浦汉代“海上丝绸之路”始发港的地位。

合浦的珍珠交易一直很兴旺，明末清初的屈大均在他的《广东新语》中提到：“予尝到合浦，止于城西卖鱼桥，故珠市也。”此“珠市”就是指“廉州珠市”，廉州珠市与广州花市、东莞香市、罗孚药市并称为广东四大名市。《合浦县志》中也有相关的记载：“合浦有‘珍珠杨’等商人将珍珠销往香港，港商亦有来县采购珍珠者。”可以想象当时合浦的珠市是何等的热闹。

可是到了东汉顺帝之时，朝廷由宦官和外戚把持，政治昏暗，吏治腐败。合浦这个因盛产珍珠而“常通商贩，商货流通”的富庶之乡，却跌落进了苦难的深渊。朝廷委派来的官吏和采珠的太监，大多是些“上承权贵，下积私路，多无清行”的贪赃枉法之辈，他们不但利用手中权力，借进贡珍珠和征收珠税之名，如狼似虎、肆无忌惮地对当地百姓横征暴敛，还和奸商们相互勾结，狼狈为奸，诓骗百姓，如《岭外代答·宝货门》中记载的那样：“珠熟之年，疍家不善为价，冒死得之，尽为黠民以升酒斗粟，一易数两。既入其手，即分为品等铢两而卖之城中。又经数手乃至都下，其价递相倍蓰，至于不赀。”合浦采珠人千辛万苦从海底采回来的珍珠总是被那些狡猾的商人以“升酒斗粟”这种很低的价格换走，而且一换就是数两。

传统自由竞争的珍珠市场被垄断化了，采珠所得到的巨额利润被这些贪官污吏攫取，采珠人却过着清贫的生活。但这些人还不满足，使出种种手段，诱使和逼迫珠民们无休无止地下海采撷珍珠。凡采到的珍珠，全部要送到太守衙门交给贪官污吏们挑选，好的留下，只把少许次等的珍珠还给珠民们交换粮食苟延性命。贪官污吏们对珍珠的贪得无厌，致使珍珠资源日渐枯竭。中原和交趾的商人们无利可图，都不愿到合浦来做生意。合浦经济完全崩溃，成了一个“夜海无光，行旅不至，人物无资，贫者饿死于道”的“鬼城”。

孟尝正是在这样一种情况下出任合浦太守。此时的孟尝已经在行政上积累了丰富的经验。经过深入民间，开展一番深入细致的调查研究之后，很快便弄清了合浦日渐衰败的原因，于是他大刀阔斧地推行了一系列兴利除弊的政治改革和经济改革政策。

孟尝的改革措施包括：减轻珠税，鼓励百姓有节制地采撷珍珠，严禁破坏珍珠资源的狂采滥捕；废除前任官员和奸商们为了垄断市场对珍珠贸易实施的种种限制与禁令，重新开放自由竞争的传统珍珠市场，保障公平合理的珍珠贸易环境；整肃吏治，遏制贪污腐败。

孟尝的新政深得人心，不到一年便立竿见影，合浦郡很快政通人和。当地珠民又能从海中采到珍珠，而且不受盘剥，中原和交趾的客商们得到了公平合理的交易价格，有利可图，又携带着合浦郡缺少的粮食、布匹等货物来做生意，自由贸易的珍珠市场重新繁荣起来，以珍珠经营为支柱的地方经济迅速复苏，百姓又过上了丰衣足食的好日子，合浦郡重新成为富庶之乡。

由于孟尝出色的政绩，短时间内合浦郡就产生了翻天覆地的变化，老百姓都称他为“神明”。

孟尝一心为公，勤政爱民，操劳过度以致生了病。合浦的气候环境和缺医少药，对孟尝的病体非常不利。在不得已的情况下，孟尝上书朝廷，请求辞官养病，朝廷答应了。

可到了孟尝离任之日，合浦的地方官吏、士绅和普通百姓都不约而同地聚集在官府门前，黑压压地跪了一片，有的拦住车驾，有的攀住车辕，不肯放孟尝离去。大家哭着喊着，苦苦地哀求他继续留任。面对万民跪泣，呼声动地的感人场面，孟尝知道自己不可能在大白天离开合浦，只得略施小计，趁夜深人静时悄悄脱下官服，换上百姓的便装，扮作商人，借夜色掩护，乘海船“逃离”了合浦，成为中国历史上最有名的“逃官”。

孟尝回到家乡上虞，隐居在深泽穷僻之处，一边种地一边养病。邻县的许多士民都感慕他的德行，拖家带口地到他家旁边定居，住户超过了 100 家。

孟尝回到家乡，仍心系百姓，总是想着如何造福乡民。孟宅桥是上虞丰惠镇最古老的桥，虽貌不惊人，却历史悠久，这是一座闸、桥、路、亭结合的完美的小石梁桥，给当地人民的生活带来了极大的便利。

孟宅桥正是孟尝所建。在孟尝隐居之地有一条名叫代河的河流，河床浅窄，水量不丰，秋冬两季经常干涸，严重影响到当地农业收成与百姓的生活。孟尝便捐出了合浦百姓赠送的珍珠，发动当地的乡绅百姓，有钱出钱，有力出力，一起兴修水利工程。在孟尝的组织和带领下，当地百姓踊跃集资，众志成城，在代河上修筑了这一集闸、桥、路、亭于一体的水利工程，不但能蓄水泄洪，保证两岸农田得到正常灌溉，让当地百姓旱涝保收，还成为供人们闲暇时游览的好去处。这个虽然不大却十分完美的水利工程是孟尝带头修的，又距孟尝的住宅不远，这座桥作为其主要工程，即被当地人命名为“孟宅桥”，又被称作“还珠桥”。孟宅桥经历了近两千年沧桑，如今依然滋养着两岸的黎民百姓，成为孟尝故里的一处名胜古迹，不知引来多少骚人墨客赋诗题咏。

孟尝的德行感动了朝廷上许多正直的士大夫。桓帝时，朝廷尚书、与孟尝同郡的杨乔第八次上书推荐孟尝曰：

> 臣前后七表言故合浦太守孟尝，而身轻言微，终不蒙察。区区破心，徒然而已。尝安仁弘义，耽乐道德，清行出俗，能干绝群。前更守宰，移风改政，去珠复还，饥民蒙活。且南海多珍，财产易积，掌握之内，价盈兼金，而尝单身谢病，躬耕垄次，匿景藏采，不扬华藻。实羽翮之美用，非徒腹背之毛也。而沉沦草莽，好爵莫及，廊庙之宝，弃于沟渠。且年岁有讫，桑榆行尽，而忠贞之节，永谢圣时。臣诚伤心，私用流涕。夫物以远至为珍，士以稀见为贵。槃木巧珠，为万乘用者，左右为之容耳。王者取士，宜拔众之所贵。臣以斗筲之姿，趋走日月之侧。思立微节，不敢苟私乡曲。窃感禽息，亡身进贤。

该表书用白话翻译过来的大意是孟尝品格出众，弘扬仁义，道德高尚，品行出众，能干绝群。在合浦当太守期间，去除歪风，革除弊政，使得去珠复还，当地饥寒交迫的百姓蒙他而活。而且南海多珍宝，远贵于金子，在太守任上完全由他掌握，积聚财产易于反掌。但他却能分毫未取，只身一人抱病回乡，把自己的美好品行隐藏起来，没有丝毫张扬，至今靠开荒种田过日子。这样的忠臣得不到任用，沉沦于草莽之中，朝廷的官爵无法触及，就像庙堂中的宝物掉进臭水沟。现在孟尝的年纪越来越大，能为朝廷效力的时间越来越少。我对此感到伤心啊！物用以产地越远越珍稀，而士人则以少出而被重视。因此，王者使用人才，应该提拔那些大家都认为优秀的人才。我以短浅的才识而能在君王身边趋走，还是要做点事情的，不是我偏爱自己的同乡，而是要向朝廷推荐优秀的人才啊。

可惜杨乔的八次上书如石沉大海，孟尝最终还是得不到起用，一直躬耕至死，享年 70 岁。直到数百年后的唐朝，大才子王勃还在《滕王阁序》中为他叫屈："孟尝高洁，空怀报国之情。"

可是百姓没有忘记他。合浦百姓一直感念孟尝的恩惠，在他活着的时候，就称之为"神明"。孟尝去世后，为了纪念和祭祀他，同时律贪革弊，警醒后人，合浦百姓自发集资修建了孟尝祠、还珠亭和海角亭。

1800 多年过去，这三处古建筑几经兵火，又几经重建，如今还有海角亭矗立在合浦县廉州中学之内，是广西重点文物保护单位和合浦的名胜古迹。

孟尝的"珠还合浦"事迹也常常被历朝历代作为

美政的标准，在官吏中大力提倡与践行。唐贞元七年（791）的进士科考试更是以“珠还合浦”为题作赋。这一榜号称龙虎榜，不仅出了中国历史上最年长（71岁）的状元尹枢，还有3名宰相。据《能改斋漫录》所载：德宗贞元七年（791），是岁辛未，刑部杜黄裳知贡举。所取30人（一说20人），尹枢为首，林藻第11人、是牓其后为宰相者3人——令狐楚、皇甫镈、萧俛。赋题“珠还合浦”，诗题“青云干吕”。

而在文人笔下，“珠还合浦”的历史经过多年演绎，逐渐跟廉政美政、失物复还、怀才不遇、受贬重归，甚至与坚贞的爱情产生关联，衍生出丰富的含义，被编写成各类戏剧、民间故事和作为素材在诗歌中大量使用。孟尝与“珠还合浦”的故事已形成了合浦独特的“还珠”文化，产生了巨大的历史人文的影响，丰富了我国的文化宝库。

而且，通过对“还珠”文化的解读，我们不难发现，至晚从唐代起，“珠还合浦”的意义就不再局限于合浦一域，而是延伸到整个民族，成为古代吏治所追求的政治理想和道德坐标。正如《还珠亭记》中所说的：“……就算是池中产珠的蚌母曾迁到别处也受感动去而复还。无知的微小之物尚且这样，何况跟我为同胞的百姓怎么会不深受其惠爱呢？百姓无不深受其惠爱，那么取决于郡长官的政务在当时也会有所建树和昌明了。为政像孟君这样的，不仅可以称为东汉守吏的表率，也足为百世师表。现在距孟君当时已有几百上千年，而百姓怀念孟君跟当日并无二致，因而可以知道善政对人心的感染，不管事隔千年还是发生在当下都是没有区别的。”这对一个地方官员来说，何其可贵！又何其难得！

3. 苏轼与合浦

从北宋元符三年 (1100) 三月，被流放岭南的大文豪苏轼（字东坡）获赦从海南迁调廉州（今合浦县），到建中靖国元年 (1101) 六月到达常州，万里生还的北归路，走了一年三个月，常州成了苏轼结束多年放逐谪居生活，得以“自便居住”的住所。六月二十四日，迁调廉州，开始渡海北归。此时的苏轼，心情是爽朗的，就连他养的狗也“知我当北还，掉尾喜若舞”。此狗是海南当地品种（海獒），受苏轼驯养，很通人性，也跟着一起到了合浦。当晚，苏轼还作了一首诗，其中有“苦雨终风也解晴”“天容海色本澄清”的诗句，自比欲乘桴浮于海的孔子，仿佛听到了黄帝所作《咸池》般的仙乐，最后无比自信地说：“九死南荒吾不恨，兹游奇绝冠平生。”愉悦之情溢于字里行间。

从海南到合浦，苏轼一共渡了两次海。六月

二十四日登船后，他顺顺利利地到达了雷州，夜雨中作《雨夜宿净行院》，诗曰：“芒鞋不踏利名场，一叶轻舟寄渺茫。林下对床听夜雨，静无灯火照凄凉。”但这连日的大雨，也使自雷州海康到合浦的陆路桥梁尽坏，水无津涯。于是苏轼又渡了一次海，从官寨乘船前往白石（合浦山口），这次颇有些波折，其本人也叹曰：“碇宿大海中，天水相接，疏星满天。起坐四顾太息，吾何数乘此险也！已济徐闻，复厄于此乎？”

机缘巧合，苏轼来到了合浦。

对于在谪居之地备受身心困扰的苏轼来说，合浦这块山辉川媚之地，犹如一方安静的港湾，接纳了他颠簸已久的心灵。当时苏轼想必是心潮澎湃，百感交集。正如他给朝廷的《移廉州谢上表》中所说的“使命远临，初闻丧胆。诏词温厚，亟返惊魂”。长期的贬谪生涯和屡受打击，使得这位风烛残年的老人再也经受不起命运的捉弄了。当苏轼携小儿子苏过，风尘仆仆来到合浦时，恭候已久的太守张左藏和当地名士邓拟、刘几仲等人，马上把劳累不堪的苏轼父子接到环境优美的邓氏园林清乐轩安顿下来。

当朝者不一定特别赏识苏轼，但是像苏轼这样的人，实在是上天赐予人世间的厚礼，人们对他礼遇有加，是情理之中的事情。在此后的北归途中，苏轼所到之处，无一例外，均受到当地官员盛情款待和当地民众的热情欢迎。每一个地方都有朋友和仰慕他的人包围着他，领他去游山、逛庙、题字、讲学。人们欣赏、仰慕苏轼，实则是对一种文化的热诚、亲近。

百姓心中喜爱随性、纵情、坦荡的人。

这样的喜爱，是权势、钱财等硬邦邦的东西压抑不住，左右不了的。

位于广西合浦廉州城东北的邓拟园林长春亭，是苏轼暂居廉州的驻足之处。

一个 63 岁的老人，因为政治上的原因遭受挫折，而被逼经年累月千里跋涉，身体受到严重的损伤。他太需要歇歇了。

其实不必计算苏轼在“乌台诗案”后被逼跑了多少路程，仅看一看他从海南返北登岸后，对从徐闻到合浦县城百余里路的感受，就足以知其艰辛。

苏轼在《书合浦舟行》里这样记载：

余自海康适合浦，遭连日大雨，桥梁尽坏，水无津涯。自兴廉村净行院下，乘小舟至官寨。闻自此以西皆涨水，无复桥船。或劝乘蜓舟并海即白石。是日，六月晦，无月。碇宿大海中，天水相接，疏星满天。起坐四顾太息，吾何数乘此险也！已济徐闻，复厄于此乎？过子在旁酣睡，呼不应。所撰《易》《书》《论语》皆以自随，世未有别本。抚之而叹曰：“天未丧斯文，吾辈必济！”已而果然。七月四日合浦记。时元符三年也。

苏轼晚年谪居岭南前后 7 年，虽然备受折磨，好歹还能保住羸弱但还算完好之躯得以北归，算是不幸中的万幸，而其家人却在他流放期间，共有 9 口人丧亡了。

即使如此，但苏轼乐观的性情依然未曾褪减多少。苏轼到了廉州后，受到老百姓的热烈欢迎。本地富绅邓拟安排苏轼住到自己的庄园清乐轩长春亭。他在合浦暂住期间，和张左藏、刘几仲、邓拟等人在这个绿柳环绕、百鸟啭鸣的亭子中，品茗谈诗，长期积压下来的忧郁，渐渐得以释放，心情也一天比一天舒缓，其豪放诗情慢慢又飞扬起来了。

有一天，张左藏叫人捧出廉州合浦特产龙眼招待苏轼。苏轼才品尝了几颗就禁不住赞不绝口，大呼“佳品、佳品，质味殊绝，可与荔枝匹敌”，手上还沾着龙眼香甜的果汁，就让人找来笔墨，一首《廉州龙眼质味殊绝可敌荔支》一挥而就：

龙眼与荔支，异出同父祖。
端如柑与橘，未易相可否。
异哉西海滨，琪树罗玄圃。
累累似桃李，一一流膏乳。

坐疑星陨空，又恐珠还浦。
图经未尝说，玉食远莫数。
独使皴皮生，弄色映雕俎。
蛮荒非汝辱，幸免妃子污。

苏轼在诗中由衷地赞美了龙眼的美味和品格，庆幸龙眼生长的地方过于偏僻，因此避免了被杨贵妃那样的妃子的玷污，这何尝不是对自己远离朝廷，远窜荒蛮，避免受到污秽政治侵染的自况。

恢复了元气的苏轼，于是开始在合浦寻友访胜。

三廉古刹东山寺便是苏轼倾心之处。“以诗名岭外”的东山寺主持“合浦愈上人”更是苏轼有意结交的高人。无奈苏轼寻访东山寺时，他已“访道南岳”去了。但是主持似乎知道苏轼会来寻访他一样，离寺时在寺院的墙壁上留下了“闲伴孤云自在飞”的诗句。苏轼寻友不得，颇为惆怅，看到主持的诗句，却也能得到安慰，便“戏和其韵”：“孤云出岫岂求伴，锡杖凌空自要飞。为问庭松尚西指，不知老壮几时归。”

苏轼在合浦还见到了阔别多年的老朋友欧阳晦夫。欧阳晦夫当时在廉州下属的石康县做县令，送了头巾与琴枕来给他。阔别多年的老友，在渡尽劫波之余相见，自然是悲喜交集。当时对苏轼有提携之恩的欧阳修已逝世多年，同遭贬逐的人，也大多登了鬼录。此次相见，事先没有想到，就像他为此事而写的诗中所说的：“见君合浦如梦寐，挽须握手俱汍澜。”在诗中苏轼讲述了自己在岭南7年的生活，对弹琴的感受，还有对当年那些老前辈们的思念和通脱淡然的人生态度，今天读来，仍令人感慨万千。

跟在太守任上一样，苏轼总想着为百姓做点什么。他见百姓吃水困难，凿了一口水井，后人命名为“东坡井”。井水清澈甘美，直到近年还在使用，乃合浦四大名井之一。

苏轼爱跟老百姓打成一片的性格也没变。先前每到一个地方上任，苏轼都喜欢到老百姓中间去，听他们讲奇闻异趣。久而久之，老百姓的故事讲完了，他就倒过来跟他们讲自己听过的故事，所以不管到哪里，都深受当地老百姓爱戴。

在合浦也一样。有个叫苏佛儿的老人来拜访他，已经82岁了。苏佛儿不饮酒食肉，两只眼睛炯炯有神，像小孩子一样。苏佛儿说自己12岁开始吃斋修行，也不娶妻生子。苏佛儿还有两个哥哥健在，跟他一样持戒念佛，大哥92岁，二哥90岁。苏佛儿住在城东南六七里外的地方，对生死之事有很高明的见解。苏轼曾经见他在东城卖菜，两人对佛又进行了一番论说。这件事情同样也记录在《东坡志林》中。

苏轼还去观瞻远近闻名的还珠亭，赞叹南珠殊美的同时，不由感慨珠民苦楚：“曾驱万民入渊底，怎奈孟尝去不还？”

游览著名的海角亭时，苏轼用“万里瞻天”四个大字，坦露出作为一个诗人阔大的胸怀，表达了自己对家国的深切怀念。苏轼手书的这四个大字，至今仍悬挂在合浦廉州中学海角亭内，成为激励和照耀一代又一代学子求实进取的“明灯”。

苏轼在合浦暂住的两个月，留下了众多篇章，数百年来润泽着合浦这块土地。他留下的足迹，在时光中，如同珍珠般熠熠发光。

苏轼寄住合浦期间，体会到了晚年生活中难得的平静。想必他如同卸下枷锁，内心既有还北的愉悦，又有行动相对自由的轻松、惬意。

两个月后，苏轼将得到任命，他要去湖南永州任职。后来突然又接到可以随意到处居住的命令。这样的命令，可以说是命运又一次嘲弄了苏轼。如果不是这样曲折、迟到的命令，苏轼从海南直接到广州，他将能与居住在广州方向的诸多亲人见上最后一面。

在合浦安静生活的这两个月，离他于建中靖国元年(1101)八月卒于常州（今属江苏）已经没有多久。平静的两个月，对于这位老人来说，已经非常珍贵了！

在合浦，苏轼其实已经提前和这个世界做了告别。

当时，和他一起罹遭贬逐的人，大多已登鬼录，就是苏轼的至亲也有多人死去。元丰七年（1084），苏轼次子苏遁夭折，不久爱妾朝云又病逝于惠州。亲人离散，身边只有小儿苏过，一直陪伴着他。

也有人为他担忧，好友郭功甫寄来的一首诗《寄东坡先生自朱崖量移合浦》：

君恩浩荡似阳春，海外移来住海滨。
莫向沙边弄明月，夜深无数采珠人。

诗的前两句很普通，简单交代了苏轼到廉州的原因。后两句则很有深意，夜深的采珠人其实指的是朝廷上的那些阴险小人，暗示苏轼不要留下把柄给他们。联想到这些年来所遭的打击与苏轼直言快语的性格，郭功甫的担心不无道理。

那时候，除了仅凭一腔才情诗词回赠挚友之盛情，长年颠沛流离的苏轼还能怎样！

八月二十二日，正是秋高气爽之时。张左藏、刘几仲、邓拟等人在清乐轩设宴为苏轼饯行。席间忽闻远处传来笙箫之声，袅袅动人，坐客惊叹笙箫之声抑扬往返，似从白云高处传来。认真聆听，方知是瓶笙。

苏轼于是即席作《瓶笙诗》，以呈心迹：

孤松吟风细泠泠，独茧长缫女娲笙。

陋哉石鼎逢弥明，蚯蚓窍作苍蝇声。
瓶中宫商自相赓，昭文无亏亦无成。
东坡醉熟呼不醒，但云作劳吾耳鸣。

不久，朝廷任命苏轼为舒州团练副使，临行前夕，他又写了《留别廉州张左藏》，感谢好友情谊：

编萑以苴猪，瑾涂以涂之。
小饼如嚼月，中有酥与饴。
悬知合浦人，长诵东坡诗。
好在真一酒，为我醉宗资。

诗中，苏轼介绍了合浦的饼，小的像月亮，里面有糖和酥，还用一种涂着泥烤制，拿草做的笼子装着，很可能是合浦猪仔饼的前身。

农历八月二十九那天，苏轼要离开合浦了。张左藏和刘几仲等人在滔滔的南流江边与苏轼黯然拱别。

苏轼乘木筏沿着汉代“海上丝绸之路”的水路溯南流江而上，经博白，过玉林，到藤县，九月底自梧州北归。北归途中，苏轼于建中靖国元年七月二十八日（1101 年 8 月 24 日）在常州（今属江苏省）逝世，享年 65 岁。苏轼留下遗嘱葬汝州郏城县（今河南省郏县）钧台乡上瑞里。次年，其子苏过遵嘱将父亲灵柩运至郏城县安葬。宋高宗即位后，追赠苏轼为太师，谥号“文忠”。

苏轼在合浦停留时间尽管只有两个多月，却给合浦人留下了千年不泯的印迹和无限追思。乾隆四十一年（1776），廉州知府康基田经过长春亭，看到这里鱼戏碧藻，飞鹭掠霞，不禁想起苏轼被沉埋600年的往事，一边赞叹环境优美，一边为长春亭的残破感叹，于是下令重建，命名为“东坡亭”。

当时的东坡亭坐北朝南，三面环水，分为清乐轩和长春亭两进，中间有小桥相通。屋顶是重檐歇山结构，正檐翘角，卷棚小青瓦屋面，前后敞开，左右两大圆门相对，四周回廊相通。主亭前面左右各有一雕花窗。现在的东坡亭基本保留了当时的模样。正亭中的苏轼壁画还原了他当时的相貌，除了招牌式的大胡子之外，面容特别慈祥可亲，一如当时的心境。

政坛上的苏轼是个失败者，然而他却赢得了历史的青睐。千百年来，历代帝王将相，虽身居高位，锦衣玉食，但被世人铭记者，能有几人？而苏轼之风骨，却为后来者称道；其诗词文章，尤为后学者之典范；其所游历之所，皆成胜迹。盛名之下，延誉千年。

“读其书，想见其为人。”虽然苏轼已经作古，但他却没有远去，因为在合浦还有他留下的种种痕迹，还有一个可供凭吊的地方。

4. 屈大均与南珠

屈大均，广东番禺人，生于明朝崇祯三年（1630），殁于清朝康熙三十五年（1696），是一位不满清朝统治的明朝遗民。屈大均有很高的文学成就，是明末清初著名的学者和诗人，与陈恭尹、梁佩兰并称“岭南三大家”。因为是明朝遗民，他几次参与了反清活动，以暗图复业，但终归都是失败了。屈大均晚年隐居，著述讲学，移志于对广东文献、方物、掌故的收集编纂。事实上，“广东”一词到明代才出现，屈大均为言志而弃传统的“岭南”称谓不用，而采用了“广东”做书名，可见其颇有蔑视清朝之勇气。

屈大均著有《广东文集》《广东文选》《皇明四朝成仁录》《广东新语》等著作，其中的《广东新语》最出彩。至于为何要取这个书名，作者在自序里说道：“吾于《广东通志》，略其旧而新是详，旧十三而新十七，故曰《新语》，《国语》为《春秋外传》，《世说》为《晋书》外史，是书则广东之外志也。”《广东新语》内容庞杂，被誉为“广东大百科”，全书共28卷，每卷述事物一类，即所谓一“语”，如天、地、山、水、虫、鳞等，分事而述。

屈大均有一股难得的南珠情结。可以说，他是南珠“推广”的第一人，他的“东珠不如西珠，西珠不如南珠”，在广告效应上可与“珠还合浦”相提并论。

在《广东新语》卷十五《货语》里，有一节名为“珠”，是专门介绍珍珠的。别看它仅仅是一节，可是洋洋洒洒3000言，让合浦珍珠占了很大的篇幅，可见屈大均对南珠的重视与厚爱，大把的叙事情怀都倾注在里面了。

“吾粤金山珠海，天子南库，自汉唐以来，无人而不艳之。”“粤故多珠，蚌、蛤、蠃生珠，鲛人慷慨以泣珠，鲸鲵目即明月珠。朱鳖吐珠，蚝亦有珠，复有骊龙之珠。”粤地多处产珠，但历史悠久且持续不断的唯有合浦，合浦珍珠两千多年来享誉于世，可不简单。屈大均的评价，看似中规中矩，实则偏厚了合浦珍珠。

屈大均敢于力排众议，对合浦珠池位置进行了厘清，这是对合浦珍珠的首要贡献。长期以来，有关合浦珠池的名称、数量以及具体海域，有各种著述、史料和说法，众说纷纭，莫衷一是。屈大均在《广东新语》里给予了界定，后人基本以他的说法为准则：“合浦海中，有珠池七所。其大者曰平江、杨梅、青婴，次曰乌坭、白沙、断望、海猪沙，而白龙池尤大。其底皆与海通。”如果从顺序来说，则是：“南珠自雷、廉至交趾，千里间六池，出断望者上，次竹林，次杨梅，次平山，至汗泥为下。”据考证，断望池在营盘镇婆围村南面，与广东乐民池相对；乌坭池在山口镇英罗港外海；平江池在北暮盐场至川江村一带；白沙池在白沙镇榄根村；海猪沙，又名海渚，在营盘镇白龙港以南。“然皆美于洋珠。”也就是说，这些珠池产出的珍珠，都要漂亮过任何外国珠。

因为南珠圆白光莹、细无丝络、粒大质高，往往是一粒千金，引得南来北往的商贾云集合浦，抢先贩卖珍珠，以求取巨额的利润。“今天下人无贵贱皆尚珠，数万金珠，至五羊（今广州）之市，一夕而售。”南珠太好卖了，足见合浦珠市之繁荣。

然而，历朝历代的统治者，为保证珠贡而采取严厉的禁市措施，或者因采珠无度以至资源枯竭，造成合浦之地陷入“行旅不至，人物无资，贫者饿死于道”的境地。“人多而物不给，卷握之中，亦无甚难得之货。蚌珠且尽，况于龙颔之珠乎？”说起来，整部合浦珍珠史，满满的都是疍珠民受苦受难的血泪史。合浦珍珠是美丽的，但当它成了权贵们炫富的尤物时，便颗颗都沾上了疍珠民的血泪。看到这种凋敝之境况，屈大均作诗描述之：“海上余珠市，城中尽竹房。居临鲛室近，望入象林长。野旷秋无色，江清水有霜。炎州惟此地，风景最荒凉。”

屈大均当年为了“反清复明”，曾削发为僧，以化缘为名云游四海。多方奔走的结果，就是见多而识广，各地的风土人情都知晓稔熟。“予尝至合浦，止于城西卖鱼桥，故珠市也。闻珠母肉作秋海棠或杏华色，甚甘鲜而性太寒。”从屈大均的描述可知，他到过合浦，还吃过珍珠螺肉，“土人饷我珠肉，腊以为珍，持以下酒”。游山玩水之余，还有酒肉相伴，屈大均的这段小日子过得还算滋润。

“白日每不归，青阳时暮矣。”三月可是踏青的好时光，屈大均却跑到白龙池的采珠现场，去看珠民是怎样采珠的。“采之之法，以黄藤丝棕及人发扭合为缆，大径三四寸，以铁为橇，以二铁轮绞之。缆之收放，以数十人司之。每船橇二，缆二，轮二，帆五六，其缆系船两旁以垂筐，筐中置珠媒引珠，乘风帆张，筐重则船不动，乃落帆收橇而上，剖蚌出珠。”屈大均观察很仔细，采珠都已经“机械化”了，马上作诗赞扬：“暮春争赛白龙池，挂席乘潮采不迟。千尺羸筐垂海底，翻波不使巨鱼知。”

屈大均看到的是一片大好的繁忙景象，虽然他也知道“凡采生珠，以二月之望为始”，但是，许多困境、险境他没见着。话说明朝嘉靖五年（1526）冬，合浦大雪纷飞，天寒地冻，南海雨雪，这在天文史上是罕见的。大批穷人冻饿而亡，官吏还是强迫疍珠民下海捕珠，冻死了不少人。当然，这是屈大均出生之前100年的事。

有道是“长川含媚色，波底孕灵珠”，凭借自身的见闻与学识，以及勤学好问，屈大均知晓了海水浓度对珍珠生长影响的诀窍，他说道：“海水咸而珠池淡，淡乃生珠，盖月之精华所注焉。故珠生池中央者色白，生池边者色黄，以海水震荡，咸气侵之，故黄也。”由此看来，屈大均不虚此行。

经过摸底调查，掌握了第一手材料之后，屈大均终于向世人发布了酝酿已久的结论：“合浦珠名曰南珠。其出西洋者曰西珠，出东洋者曰东珠。东珠豆青白色，其光润不如西珠，西珠又不如南珠。”这就是那句最佳广告词的来源——“东珠不如西珠，西珠不如南珠！”

说真的，合浦出产的珍珠浑圆粒大、凝重结实、晶莹光润，珠光艳丽而柔和，同一角度有多个闪光点，可谓熠熠生辉，十分吸引人。南珠不但色彩斑斓，而且色泽经久不变，历来为进献宫廷的贡品，堪称国宝。

屈大均还有一招，他拿出在珠池里学到的绝招，教后人怎样“养珠”。他说：“养珠者，以大蚌浸水盆中，而以蚌质车作圆珠，俟大蚌口开而投之，频易清水，乘夜置月中。大蚌采玩月华，数月即成真珠，是谓养珠。养成与生珠如一，蚌不知其出于人也。蚌之精神，盖月之精神也。”现在人工养殖的珍珠，大概也是经过育苗、养贝、植核、育珠、收珠等环节，方式方法上跟屈大均所述差不多，他们是不是师承于老先生的呢？

屈大均终究是诗人，茶余饭后便吟作一两首。我们还是来欣赏一下他的珍珠诗。

《采珠词·其一》："合浦秋清水不波，月中珠蚌晒珠多。光含白露生琼海，色似明霞接绛河。"

《采珠词·其二》："中秋月满珠同满，吐纳清光一一开。明月本为珠作命，明珠元以月为胎。"

《珠人曲》："一唇有数珠，大小相连缀。采珠乘月圆，扬帆入龙穴。""珠母当秋孕，精华得月全。明珠无大小，都在口唇边。""水淡珠多白，水咸珠多黄。月光化为水，来养明月珰。""生长珠池旁，食珠如食米。日夕剖神胎，珠肉荐芳醴。""儿女抱珠筐，细珠弃不取。珠母肉微红，色似海棠乳。"

"还珠之郡，媚川之都，沉珠之浦，禺珠之乡，珠崖之国。生其地者，人多秀丽而文，是皆珠胎之孕育者也。"屈大均为树立"南珠品牌"，可谓是不遗余力了。

作为"海上丝绸之路"始发港的合浦，这里的海是静的、从容淡定的，又是动的、内外结合的。从静到动，是历史的脚步抵达某个阶段的必然，是扎根固本而后图谋发展的历程。上千年沉淀下来的文化底蕴，源远流长，厚重芬芳，不但改写了世人对“南蛮之地”的认识，也对促进中原地区的发展起到了重要作用。

（庞白）

后　记

“一带一路”相关国家众多，代表性人物众多，为中外交好、民心相通作出杰出贡献的人士众多。因此，为“一带一路”璀璨群星立传，既使命光荣，又责任重大。在这项浩大工程的策划、组织、执行过程中，有许许多多的志士参加了有关传主的名单征集和审定，以及写作、翻译、审读、编辑、出版、筹资、联络等繁重而琐细的工作。所有参与的人员，以拳拳报国之心，尽深厚学养之力，克服了时间紧、任务重、要求高、压力大等诸多困难与挑战，最终圆满完成了任务。在本书付梓之际，丛书编委会特向参与本项目的全体同志致以崇高敬意和衷心感谢！

同时特别需要鸣谢的是，提出策划并领导实施此项目的中国传记文学学会会长王丽，基于长期法律实务经验和担任“一带一路服务机制”主席职务的便利，她对相关国家和走出去的“一带一路建设者”和广大青少年的需求了解真切，提出应当为他们写一套介绍各国典型人物的简明易读的传记，为他们提供健康的精神食粮。她把这项“额外”的工作当成了事业，不惜四处奔走筹集经费、苦口婆心招揽作者、精心挑选传主名录、夙夜青灯挥笔写作、近乎偏执逐字推敲、亲力亲为呕心沥血。面对如此浩大的出版项目和繁重的出版任务，中国出版集团华文出版社、中联部当代世界出版社、五洲传播出版社三家出版社携手毅然承担了出版任务，努力将该传系图书列入国家的重点出版工程，以高质量的编辑和装帧，确保了这套百卷丛书的国家级水平。在此，我们特向这三家出版社的相关领导和编辑致以崇高敬意和衷心感谢！

尤其让我们感动的是，在项目执行过程中，一些富有家国情怀的民间商会和企业家的慷慨解囊，虽不足以支撑项目的全部费用，但是他们所表现出的热心和支持，让我们坚定了走下去的信心和决心，特向他们的拳拳报国之心和慷慨无私帮助致以崇高敬意和衷心感谢！

一项伟大的事业，离不开许多默默无闻的奉献者。在本传系的组织、编写、出版过程中，有历史、文学、科研、外交、教育、法律、翻译、出版等领域的数百位专业人士参与，恕不能在此处一一详列。需要特别提出的是，鞠思佳、李华华、景峰等同志为组织联络、搜集资料到处奔波而毫无怨言，唐得阳、唐岫敏、白明亮、谭笑、曹越等同志在编写、翻译和编辑、校对过程中的细致与负责让我们感动，赵实、胡占凡、高明光、吴尚之、刘尚军、李岩、王灵桂、李永全、陈晓明、许正明、宋志军、包岩、丁云、关宏等同志睿智的指点和专业的帮助让我们避免了许多弯路。在此，我们特向以上各位同志致以崇高敬意和衷心感谢！

当然，由于我们水平所限，本丛书难免有某些不尽如人意和瑕疵之处，敬请学界专家和各位读者不吝赐教，我们将在作品再版之时吸收完善。在此，我们也向各位读者提前表示崇高敬意和深深感谢！

“一带一路”列国人物传系编委会

2023 年 3 月 28 日